KB096317

교사와 학부모, 마음을 잇다

관계를 고민하는 교사를 위해
학부모가 들려주는 행복 레시피

교사와 학부모, 마음을 잇다
관계를 고민하는 교사를 위해 학부모가 들려주는 행복 레시피

지은이 이효선

발 행 2018년 4월 9일
펴낸이 김영식 김정태
펴낸곳 좋은교사운동 출판부
출판등록번호 제2000-34호
주 소 서울특별시 관악구 남부순환로 218길 36, 4층
전 화 02-876-4078
이메일 admin@goodteacher.org

ISBN 978-89-91617-45-2   03370

www.goodteacher.org
ⓒ 이효선 2018

좋은교사 연구실천 프로젝트 X 15

교사와 학부모, 마음을 잇다

관계를 고민하는 교사를 위해 학부모가 들려주는 행복 레시피

이효선 지음

좋은교사

교육 난제는 현장 교사가 풉니다!

임진왜란 때 선조가 이순신에게 총공격을 명령했지만 이순신은 적의 유인 전략이라 판단하여 공격하지 않았던 일이 있습니다. 이로 인해 이순신은 관직을 박탈당했고, 대신 출정한 원균의 군대는 전멸하고 맙니다. 현장의 상황을 모르고 내린 결정이 얼마나 어처구니 없는 것인지를 보여주는 사례입니다.

"초등학교 사회 교과서는 대학생 교재보다 어렵습니다. 왜냐하면 그 많은 내용 요소를 압축적으로 구겨넣어 놓았기 때문이죠. 이런 교과서를 만든 사람이 한번 가르쳐보라고 하고 싶네요."

수업에서 학생들에게 배움의 기쁨을 누리게 하고 싶다는 것은 모든 교사들의 소망이지만 현장의 상황을 모르고 내려오는 교육과정과 각종 사업 등 수많은 장애물들이 우리의 발목을 붙잡고 있습니다.

"현장에 답이 있다"는 말을 많이 합니다만 교육정책을 좌우하는 관료, 교수, 정치인들은 현장 교사들의 목소리를 귀담아 듣지 않습니다. 이렇게 된 데에는 우리가 교육전문가로서의 교사의 역할을 적극적으로 찾지 못한 책임도 없지 않습니다.

이제 현장의 교육전문가인 우리 교사가 나서야 합니다. 우리 교육에는 수많은 난제가 산처럼 버티고 있습니다. 우공이산(愚公移山)의 결기로 우리 모두가 이와 씨름하는 일이 개미떼처럼 집단적으로 일어나야 합니다. 그러한 노력들이 격려되고, 공유되고, 확산될 때 우리 교육은 아래로부터 변화되어갈 것입니다. 이 과정은 교육전문가로서의 교사 성장에 큰 도전이 될 것입니다. 이를 통해 수동적 전달자가 아닌 능동적 연구실천가로 성장하게 될 것입니다.

좋은교사운동은 우리 교육의 난제를 현장 교사들의 힘으로 풀어나가는 프로젝트를 시작했습니다. 이름하여 "좋은교사 연구실천 프로젝트 X"입니다. X는 난제를 뜻합니다. 이제 X를 붙들고 고민한 결과가 세상에 모습을 드러냈습니다. 그 동안 바쁜 학교생활 가운데서도 시간을 쪼개어 문제와 씨름하는 노고를 감당하신 선생님과 멘토와 행정적인 모든 수고를 감당해주신 사무실의 간사님들과 연구위원장 조창완 선생님께 존경과 감사의 뜻을 전합니다.

- 사단법인 좋은교사운동

'관계를 고민하는 교사를 위해 학부모가 들려주는 행복 레시피'는 단순히 교사와 학부모의 고민만이 아닌, 이 땅을 밟고 있는 모든 사람들의 고민을 응축시켜 놓은 내용이라 여겨집니다. 사람은 혼자 살아갈 수 없기 때문입니다. 혼자가 아니기에 '상대'를 알아가야 합니다. 여기서 알아감은 '내면세계'를 알아감입니다. 그래서 '시간'이 필요합니다. "열 길 물속은 알아도 한 길 사람 속은 모른다."는 격언은 진실을 담고 있습니다. 이런 이유로 발도르프에서는 6년 담임 제도를 채택해서 지금껏 실천하고 있는지 모릅니다.

그런 점에서 '새봄 프로젝트팀'의 닭볶음탕(나를, 너를, 우리를 알기), 갈치구이(적절한 타이밍 협력하기), 김치찌개(소중한 존재로 서로 신뢰하기), 떡볶이(알고 싶어요, 선생님의 마음과 상황을), 제육볶음(용기를 내세요, 저희를 알려드릴게요.) 레시피는 학교-가정, 담임교사-학부모를 잇는 중요한 관계입니다. 진심과 신뢰가 담보되는 파이프라인이요 마음을 여는 축복의 통로라고 말하고 싶습니다.

여기에 주인공이라고 할 수 있는 '학생=자녀'까지 포함된다면 더 없이 좋은 레시피가 될 것이라고 생각합니다. 새봄프로젝트를 통해 관계 문제로 고민하시는 교사와 부모에게 소망이 전해지길 기도합니다.

신병준(소명중고등학교 교장)

　새봄 프로젝트를 통해 '교사와 학부모, 마음을 잇다.' 라는 책이 발간된 것을 축하드립니다. 이 책이 교사들과 부모님의 마음을 이어주는 계기가 되리라 기대합니다. 교사들은 문제가 생길 때 주로 동료교사나 선배교사들과 상의해 그것을 풀어갑니다. 교사들이 교육 활동을 하며 흔히 하는 실수 중 하나는 교육의 중요한 주체인 학생과 학부모를 소외시킬 때가 많다는 것입니다. 새봄 프로젝트에서는 교사가 경험한 어려움을 부모님들과 나누고 부모님들의 의견과 조언을 들었습니다. '담임소개편지(가정통신문)'가 주제였던 날 모임에 초대되어 참석하였습니다. 부모님들이 감동을 받았던 담임소개편지(가정통신문)에 대해 이야기하는 것을 들으며 많은 것을 생각했습니다. 그리고 글로 다 표현하기 어려운 따뜻함과 웃음, 수많은 소중한 대화가 가득한 모임이었습니다.

　추천사를 통해 사랑하는 후배 교사인 이효선 선생님께 박수를 보냅니다. 실수한 경험을 부모님들에게 솔직히 이야기하는 것은 용기가 필요합니다. 이효선 선생님을 통해 부모님들이 교사를 가깝게 느끼고 이해하는 시간이 되었을 것입니다. 이 책은 육아휴직 기간 동안에 프로젝트를 진행하며 배움을 이어간 선생님과 11분의 부모님들이 계셨기에 탄생할 수 있었습니다. 이 책을 통해 교사들이 부모님을 동역자이며 조력자로 보는 기회가 되길 바랍니다.

교사들이 학교에서 벌어지는 모든 문제를 부모님들과 상의해서 풀어갈 수는 없습니다. 이 책이 그런 교사들에게 간접 경험과 지혜를 제공할 것입니다. 이 책은 친근한 음식 레시피로 이야기를 풀어갑니다. 같은 레시피로 된장찌개를 끓여도 맛이 조금씩 다릅니다. 된장찌개 맛은 된장 맛과 손맛에 따라 그리고 음식을 만드는 그릇과 불 조절을 어떻게 하느냐에 따라서도 달라집니다. 학교에서 벌어지는 비슷한 문제들을 같은 방법으로 대처해도 다른 결과가 나오는 이유와 같습니다. 이 책의 가이드를 참고하되 학생들이 자라온 배경과 부모님과의 관계에 맞게 변형하여 적용하는 것이 좋겠습니다.

소명중고등학교에서 만난 이효선 선생님과 최경산 선생님은 귀한 보물입니다. 교사와 부모님들이 함께 풀어가는 이야기가 많은 교사들에게 울림을 주길 기대합니다. 그리고 2기, 3기로 새봄프로젝트가 계속 이어지길 기대합니다.

김선자(소명중고등학교 교사)

‖ 목 차

Ⅰ. 책을 내며

1. 연구 시작 계기

알고 나면

‘너도 그렇다’라는 구절로 끝나는 ‘풀꽃’이라는 시를 아시나요? 학교를 배경으로 한 어떤 드라마의 남자 주인공이 읊어서 유명해졌지요. 그 시를 지은 나태주 시인은 ‘풀꽃2’라는 시도 지었습니다. 작은 풀꽃 하나를 그냥 지나치지 않고 이름과 색깔, 더 나아가 모양까지 알고 나면 어떤 일이 생길까요? 풀꽃과 나는 이웃이, 친구가, 연인이 된다고 ‘풀꽃2’에서 시인은 말합니다. 알면 알수록 더 깊은 관계가 되는 것이죠.

그러면 선생님은요?

저는 지난 2016년 1학기에 삐걱거리는 ‘관계’로 인한 고민이 참 많았습니다. 그 전까지 특히 학부모들과의 관계는 어느 정도 자신이 있다며 마음을 놓고 있었습니다. 그런데 정신이 번쩍 나면서 제가 참 부족한 사람이라는 것을 다시 깨달았습니다. 저의 지혜롭지 않은 말 한마디, 행동 하나로 인해 오해가 생기고 서로 마음 상하는 일이 생겼던 것이죠. 학부모의 입장에서 어떤 마음일지 헤아리는 지혜가 없어서 실수를 했던 것입니다.

그동안 교직생활을 하며 여러 상황과 고민이 생길 때, 주로 동료 교사들에게 조언을 구했었습니다. 그런데 직접 자녀를 기르는 학부모들의 조언을 들을 수 있다면 그것도 참 귀하고 좋겠다는 생각을 했습니다. '그 어머니는 이런 마음이었을 거예요. 그러니 선생님께서 이렇게 말하시고 이렇게 행동하시면 될 것 같아요.'라는 지혜롭고 따뜻한 조언, 실수하는 부분에 대한 명쾌하면서도 실제적인 조언이 있으면 좋겠다는 생각을 했습니다.

그런데 관계로 인한 어려움이 있었던 바로 그 시기에 관계의 풍성함을 누리는 경험도 있었습니다. 재직하는 학교에서 '학부모 학습 코칭 기본반'이라는 강좌를 진행하며 열한 명의 학부모들을 만났습니다. 그 분들과 정말 빠른 시간에 친밀하고 편안한 공동체가 되었습니다. 서로의 고민을 진솔하게 나누며 기도하는 관계가 된 것이죠. 삶의 연륜과 지혜가 넘치는 열한 명의 학부모들을 만나면서 욕심이 생겼습니다. 교사를 하며 겪게 되는 여러 상황에 대해 이 분들께 조언을 들으면 좋겠다는 욕심이 생겼습니다. 특히 학부모와 관계를 잘 맺는 법에 대한 것을 실제 학부모들에게 듣는다면 현실적이면서도 강력한 비법들이 나오리라 기대되었습니다.

이름, 색깔, 그리고 모양까지

"선생님, 학부모와는 가까이 지내면 안 돼요. 여러모로 힘들고 피곤한 일이 많이 생겨요. 그래서 저는 교실에도 잘 들어오지 못하게 한답니다. 선생님도 조심하세요."

대학을 졸업하고 처음 교직을 시작할 때, 옆 반의 선배 선생님에게 들었던 조언입니다. 아이들에 대한 열정도 있고 성품도 좋은 분이셨습니다. 그런데 유독 학부모와의 관계에서는 '너무 심한 것 아닌가' 싶을 정도로 거리를 두었습니다. 나중에 알게 된 사실은, 그 선생님이 전에 있던 학교에서 학부모와 큰 어려움이 있었다는 것이었습니다. 그 이후부터 그 분은 학부모와 철저히 거리를 유지하는 태도를 갖게 되었다고 합니다.

다음과 같은 이야기도 교사들로부터 많이 듣습니다. 그리고 솔직히, 저 역시 종종 하기도 했던 말입니다.

"학교에서 교사들이 아무리 열심히 해도 소용이 없어. 결국은 가정에서 해결되어야 해."

'학생, 교사, 학부모'를 일컬어 교육의 3주체라고 합니다. 세 개의 꼭짓점이 자신의 위치에서 적당한 길이를 유지해야 균형 잡힌 삼각형이 됩니다. 마찬가지로 학생과 교사, 학부모 모두가 바르게 서야 조화로운 교육이 이루어집니다. 교사는 자신이 만나는 학생들이 잘 되기를 바랍니다. 물론 그 '잘 된다'는 기준이 사람에 따라 다르겠지만 어쨌든 제자들이 행복하기를 바라는 마음이 있습니다. 제자들을 사랑하는 것이죠. 제자들을 잘 사랑하기 위해서는 교사와 학생의 관계만이 아니라 학부모와의 관계도 중요하게 생각해야 합니다. 학교와 가정이 한 마음이 되어 같은 목소리를 내며, 학생을 사랑하고 도와야 더 의미 있는 변화들이 생기기 때문입니다.

교사가 학부모의, 한 가정의 문제를 모두 해결할 수는 없습니다. 그러나 학생의 교육과 관련된 부분에서는 학부모와 연합하고 동역해야 합니다. 서두에서 함께 보았던 '풀꽃2'라는 시가 말하는 것처럼, 학생의 이름과 색깔을 알 뿐만 아니라 그 학생의 가정과 부모님까지 알아갈 때 더 깊이 사랑할 수 있습니다. 또한 교사와 학부모가 아름다운 동역을 통해 마음과 마음이 이어질 때 서로에게 천군만마와 같은 존재가 됩니다. 이것은 결국 학생들을 더 잘 돕는 길이 되겠지요.

아, 이것은 비밀

시 '풀꽃2'를 다시 볼까요? '아, 이것은 비밀'이라는 마지막 한 줄이 있습니다. 사랑하는 연인들은 둘만의 비밀을 자꾸 만들어갑니다. 서로만 아는 애칭이나 손짓, 특별한 장소나 날짜, 노래나 음식 등을 만들지요. 풀꽃에 대해 깊이 알게 되어 사랑하게 된 시인은 풀꽃과 특별한 비밀을 만들어갑니다.

파커 팔머는 「가르침과 배움의 영성」이라는 책에서 '안다는 것은 사랑한다는 것이다'라고 말했습니다. 교사와 학부모는 서로에게 다가가는 것을 어려워하기도 합니다. 깊은 관계를 가졌다가 괜히 힘들어질 것을 염려할 때도 많습니다. 그러나 무슨 일이든 처음이 어렵습니다. 일단 시작을 하면 의외로 쉽습니다. 현명하게 돕는 사람들이 있다면 학부모와 사랑의 관계를 맺는 일은 생각보다 신나고 따뜻한 일입니다. 나중에는 그 관계가 참 감사하고 좋아서 특별한 추억과 비밀들이 생겨날 것입니다.

저 역시 부족한 점이 많기에 학부모들께 듣게 될 비법이 기대되었습니다. 그리고 알게 된 그 비법들을 '아, 이것은 비밀'이라며 숨겨놓고 싶지 않았습니다. '아, 이것은 안 비밀!!'이라고 말하며 많은 선생님들과 함께 나누길 원했습니다. 관계에 어려움이 있는 선생님이 있으신가요? 특별한 어려움은 없지만 더 좋은 관계를 맺고 싶은 선생님은요? 학생들을 더 사랑하고 싶은 선생님, 학교와 가정의 협력을 꿈꾸는 선생님도 계시겠죠? 그 분들께 작은 도움이 되길 기대하고 기도하며 연구를 진행했습니다.

꼭 말씀드리고 싶은 부분이 있습니다. 이 연구는 교사들에게 무언가를 더 요구하거나 교사들을 비판, 비난, 책망하려는 것이 아닙니다. 교사들이 몰랐거나 혹은 알았어도 하기 힘들었던 부분에서 학부모들의 사려 깊은 도움을 받기 위한 마음으로 시작된 연구입니다. 그리고 연구를 마무리하고 이 책을 쓰는 지금, 학부모들은 든든한 우리 편이라는 확신이 제 마음에 있습니다. 처음 예상했던 것보다 훨씬 더 든든한 우리 편 말입니다.

2. 연구 방법 및 방향

이 연구는 학부모 집단 면담과 사례분석의 방법으로 진행되었습니다. 열한 명의 학부모들과 2월부터 12월까지 모였습니다. 대개 오전 10시~11시 사이에, 학부모들의 집을 돌아가며 모임 장소로 사용했습니다. 모여서 이야기 나누고 점심을 먹은 후 다시 이야기를 나누다보면 3시가 훌쩍 넘는 일이 많았습니다. 연구실천 프로젝트 주제에 대해 이야기하다보면 자연스럽게 자신을 열어보이게 되었습니다. 서로를 더 깊이 알게 되면서 더 세밀히 이해하게 되었습니다. 교사와 학생의 친밀한 관계가 중요한 것처럼 교사와 학부모도 마찬가지였습니다. 진실한 관계 위에서 연구가 진행되었습니다. 그렇기 때문에 '어떻게 하면 선생님들을 잘 도울 수 있을까?' 하는 질문에 서로의 마음을 잘 모을 수 있었다고 생각합니다.

처음 연구의 방향을 정할 때 크게 두 가지 방향이 있었습니다. 첫째로는 학교의 연간 생태주기(예를 들어 2월 신학기 준비, 3월 첫 만남, 4월 중간고사 등)에 맞춰 선생님들에게 유용한 제언들을 정리하는 것이었습니다. 두 번째로는 자녀들이 일반학교 또는 대안학교를 다니며 겪었던 일들을 나누고 서로 조언하는 과정을 통해 제언을 찾는 방향이었습니다. 위의 두 가지 중 후자의 방향으로 연구가 진행되었습니다. 사례 나눔은 자칫 산만해질 수 있기 때문에 매달 한 명 또는 두 명씩 담당자를 정했습니다. 담당자가 사례를 나누면 다 같이 제언을 정리했습니다.

3. 연구팀 소개

우선 저희 연구실천 프로젝트 팀의 이름을 소개합니다. 좋은교사 연구실천 프로젝트에 서류 지원을 하고 면접을 거쳐 선정이 되었을 때 팀원 모두 정말 기뻐했습니다. 그런데 우리 모임을 지칭할 때 '학습코칭 기본반(학부모들을 그 모임에서 만났기 때문에) 연구실천 프로젝트팀'이라는 긴 이름을 사용할 수는 없었습니다. 그래서 멋진 이름을 지어보자고 제안을 했습니다.

'무지개 하모니, 사랑샘, 까까머리, 오작교, 별과 여인들, SPRING, 새봄 프로젝트' 등의 이름 후보가 나왔고 그 중 '새봄 프로젝트'가 투표를 통해 선정되었습니다.

'새봄 프로젝트'는 교사-학부모 관계의 따뜻하고 생명력 가득한 새봄을 여는, 새로운 차원의 것을 보는 프로젝트라는 의미를 가지고 있습니다. 또한 새봄의 '봄'을 영어 'Spring'으로 확장하여 'Spring'이 가지고 있는 여러 가지 의미를 부여했습니다.

우선 봄이라는 의미가 있습니다. 이는 새순, 새싹, 힘을 나타냅니다. 우리 모임을 통해 새로운 관계의 싹이 움틀 수 있는 힘을 주고 싶은 마음을 담았습니다. 두 번째로 옹달샘이라는 뜻이 있습니다. 마르지 않는 샘처럼 교사와 학부모의 마른 목을 시원케 하는 프로젝트이길 바랐습니다. 마지막으로 탄성이라는 뜻이 있습니다. 탄성은 원래의 모습으로 돌아가는 힘입니다. 교사-학부모 관계의 원형은 무엇일까요? 창조되었을 때의 아름다운 모습은 무엇일까요? 그 원형을 찾아가고 싶은 소망을 표현했습니다.

움 돋고 꽃 피는 3월에 시작한 '새봄 프로젝트'는 뜨거운 여름과 풍성한 가을을 지났습니다. 추운 겨울인 지금, 또 다시 찾아올 새봄을 기다리고 있습니다. 연구를 진행하며 이런 저런 일들로 행복하기도, 슬프고 마음 아프기도 했습니다. 그러나 우리 모두는 반드시 다가올 새봄을 알고 있습니다. 교사와 학부모의 관계도 계절의 흘러감과 같을 것이라 믿습니다. 힘든 순간이 있다면 그것은 영원히 지속되지 않습니다. 겨울이 지나 결국은 봄이 오는 것처럼 말입니다. 그 믿음을 갖는 것부터가 아름다운 관계의 시작이라고 말하고 싶습니다.

연구팀의 세부 구성원은 기독대안학교인 소명중고등학교의 교사 이효선, 최경산과 소명중고등학교의 학부모인 권기면, 김문영, 김미숙, 김희주, 민해진, 박순주, 안혜경, 이영주, 임순미, 정종연, 홍성혜입니다.

4. 책의 전체 구성

이 책은 크게 4부로 나눠집니다. 1부는 연구 시작 계기, 연구 방법 및 방향, 연구팀 소개, 책의 전체 구성에 대한 안내입니다.

2부는 실제 사례 나눔 및 제언입니다. 학부모들이 나눴던 사례와 제언은 재편집의 과정을 거쳤습니다. 관계 속에서 일어날 수 있는 갈등을 세 가지로 나눴습니다. 첫 번째는 교사와 학생의 갈등입니다. 두 번째는 학생과 학생의 갈등입니다. 세 번째는 학부모와 학부모의 갈등입니다. 각 갈등별로 어려움을 겪고 있는 교사가 자신의 고민을 이야기하는 형식(일기라고 생각할 수도 있습니다.)으로 사례를 적었습니다. 그런 교사에게 한 학부모가 맛있는 음식을 대접합니다. 위로와 격려의 음식입니다. 음식을 만드는 방법과 맛내기 비법, 유의사항 등을 간략히 적었는데 이것은 교사에게 도움이 되는 제언과 연결됩니다. '이렇게 하세요, 저렇게 하세요.'라는 당위적인 말들보다 음식이라는 매개체를 통해 더 직관적이고 효과적으로 제언을 전달하려는 의도였습니다. 그래서 각 장의 제목도 '~레시피'로 통일했습니다.

3부는 담임소개편지, 가정방문에 대한 제언을 담았습니다. 각각 네 번째와 다섯 번째 레시피에 기술되어 있습니다. 소개된 요리들은 함께 연구했던 학부모들께서 직접 만드신 것들입니다. 학부모들의 따뜻한 마음이 지면으로나마 전달되길 바랍니다.

4부는 크게 두 부분입니다. 우선 연구를 함께한 교사와 학부모들이 '교사와 학부모의 관계'에 대해 정의를 내렸습니다. 한국협동학습연구회에서 나온 '생각카드' 중에서 '교사와 학부모의 관계'를 잘 나타낸다고 생각되는 사진을 골랐습니다. 그리고 사진과 연결된 자신의 정의를 적었습니다. 그 다음에는 1년간 연구를 진행한 소감을 넣으며 마무리했습니다. 참고 문헌에는 재작년부터 함께 모여 읽었던 책들의 목록이 있습니다.

Ⅱ. 학부모가 들려주는 관계 개선 레시피

1. 첫 번째 레시피 : 닭볶음탕
- 나를, 너를, 우리를 알기 (교사와 학생의 관계)

1) 선생님의 이야기

아이들과의 신경전이 벌써 한 달을 넘어가고 있다. 표면적으로 큰 문제는 없어 보이지만 딱 거기까지이다. 아이들은 담임인 나에게 깊이 다가와 마음을 열지 않는다. 아이들과 개인적인 상담을 할 때도 무언가 솔직하게 이야기하지 않는다는 느낌을 받는다. 조회나 종례 때도 다들 무덤덤하다. 큰 맘 먹고 미리 준비해 간 웃긴 얘기를 해도 냉랭한 반응만 돌아왔다. 왜 이렇게 된 걸까?

학기가 시작되고 3월까지만 해도 이번 일 년 잘해보자고, 아이들과 함께 마음을 모았었는데……원인을 곰곰이 생각해본 결과, 그때 내가 민수(가명)를 혼 낸 이후로 아이들의 마음이 돌아섰다는 결론을 얻었다.

민수는 3월이 시작되고 며칠 안 되어서 전학을 온 남학생이었다. 키가 훤칠하고 서글서글한 인상에, 성격도 활달했다. 외모도 잘 꾸미고 놀기도 좋아하지만 리더십이 있는 아이였다. 반 아이들은 그런 민수와 금방 친해졌다. 민수는 담임인 나에게도 먼저 마음을 열고 다가왔다. 내가 하는 일에 적극적으로 참여해주었다. 학급 반장은 다른 아이였지만 반의 분위기는 민수가 주도하고 있었다.

그런데 민수에게는 큰 문제가 있었다. 지각이 너무 잦았다. 처음에는 이사로 인해 아직 적응이 덜 되었나 생각하며 타이르고 넘어갔다. 그러나 두 주가 지나도 지각은 고쳐지지 않았다. 민수의 어머니와 통화를 해보았다. 어머니께서는 민수의 중학교 시절 이야기를 해주셨다. 민수는 중학교 3학년 때 학교 가기를 싫어해서 결석을 많이 했다고 한다. 끝까지 마음을 못 잡은 채 겨우겨우 졸업을 했고 동네 고등학교로 입학을 했다. 그러다 갑자기 이사를 하는 바람에 우리 학교로 전학을 왔다는 것이다. 한 달이 다 되어가는 지금까지 민수가 결석을 한 번도 안했다는 것이 어머니께서는 정말 감사하고 기쁘다고 하셨다. 내일부터는 더 빨리 준비하도록 돕겠다고 하시며 거듭 사과를 하셨다. 민수가 학교에 잘 적응하게 해주셔서 담임인 내게 감사하다는 인사도 하셨다.

전화를 끊고 여러 생각이 들었다. 민수가 힘들었던 중 3 시기를 거쳐 요즘은 학교에 잘 적응하고 있어서 기뻤다. 지각을 하는 것은 여전히 문제지만 차차 고쳐나가면 되지 않을까하는 생각을 하고 있었다.

그때, 옆 반 선생님께서 나를 찾아오셨다. 우리 반 1교시 수업을 마치고 오시는 길이었는데 매우 불쾌한 표정이셨다. 순간 가슴이 철렁했다. 민수 때문이신가? 아니나 다를까. 민수 때문에 너무 힘들다는 이야기를 하셨다. 학기 시작하고 계속 본인의 1교시 수업 때 꼭 5~10분씩 늦고 있다며 매번 죄송하다는 민수의 말도 이제는 너무 화가 난다고 하셨다. 아직 교직 경력이 얼마 안 되는 나는 어려움이 생길 때 종종 옆 반 선생님과 상의를 하곤 했었다. 이번에도 민수 어머니와의 통화 내용을 말씀드렸다. 그러면서 조금 기다려주면 어떻겠냐고 말씀드렸다.

그런데 옆 반 선생님의 생각은 달랐다. 기선제압을 해야 한다는 것이었다. 교사가 아이들에게 휘둘리기 시작하면 걷잡을 수 없다고 하셨다. 지난 한 달간 우리 반의 모습을 보면 내가 아이들에게 끌려가는 느낌이고 반의 질서가 없는 것 같다는 말씀도 하셨다. 민수가 반 아이들에게 영향력이 큰 편이기 때문에 그 아이를 잘 잡아야 한다는 것이다. 옆 반 선생님의 이야기를 듣고 나니, 교직 첫 해에 농담 반 진담 반으로 주위 선생님들께 들었던 이야기가 생각났다. 아이들과 만나는 첫 시간, 첫 한 달인 3월이 중요한데 그때 절대 웃지도 말고 친절하게 대하지 말라는 이야기였다. 첫 시간에 들어가서 발로 책상을 뻥 차거나 문을 큰 소리 나게 여닫는 것도 좋다는 것이다. 선생님이 호락호락하지 않다는 것을 세게 보여주며 기선제압을 해야 일 년이 편하다고 조언해주셨다. 처음에 잘 못해주다가 나중에 잘 해주면 아이들이 감동을 받는다. 그런데 처음부터 너무 잘해주면 나중에 작은 실수라도 할 때 더 크게 덤터기를 쓴다는 이야기였다. 그때는 '에이, 그런 게 어디 있어.'하며 그냥 넘겼었는데...... 그렇잖아도 우리 반 분위기가 산만한 편이라는 이야기를 듣고 있던 터라 더 민감하게 반응했던 것 같다. '그래, 내가 만만한 사람이 아니라는 것을 보여주자. 우리 반에도 질서가 필요하다는 것을 보여줘야겠어.'라는 다짐을 했다.

그 다음날 아침에 조회를 시작하려고 하는데 민수가 들어왔다. 민수는 대개 조회 중간 또는 1교시가 시작한 직후에 오는데 그날은 좀 빨리 온 편이었다. 어머니와의 통화가 조금 효과가 있었던 것이다. 본인도 그걸 아는지 좀 더 밝고 당당한 얼굴로 교실 문을 열고 들어왔다. 민수의 웃는 얼굴이 마음에 걸렸지만 기선제압을 위해서 뭔가 보여줘야겠다는 생각을 했다. 게다가 민수는 우리 반에서 영향력이 큰 아이니깐 민수를 잡으면 본보기가 될 것 같았다. 평소 같으면 '으이구'하는 소리와 함께 어서 자리에 앉고 조회 끝나고 따로 보자고 했을 텐데 그날은 달랐다. 싸늘한 표정으로 앞으로 나오라고 했다. 민수는 내 표정에 순간 놀라는 것 같았지만 미소는 잃지 않은 채 앞으로 나왔다. 앞으로 나온 민수의 가방을 다짜고짜 잡아채서 바닥에 세게 던졌다. 그러면서 "도대체 언제까지 지각할거야! 선생님 말이 우스워!" 하며 소리를 질렀다. 그 뒤에도 지각하는 걸 얼마나 참아야하냐, 좋은 말로 하니 안 듣냐, 1교시 선생님들에게 죄송해서 못 살겠다, 친구들에게 미안하지도 않냐 등등 소리를 지르며 혼을 냈다. 민수는 깜짝 놀라서 멍한 표정으로 있었다. 반 아이들은 아무 말도 못한 채 놀란 눈으로 나와 민수를 보고 있었다. 내 할 말을 다 한 후 끝까지 소리를 지르며 "자리로 돌아가!"라고 했다. 민수가 자리에 앉자마자 반 전체 아이들에게 이제 지각하는 것, 학급과 학교의 규칙을 지키지 않는 것을 절대 용서하지 않겠다고 엄포를 놓고 교실을 나왔다. 내가 나온 뒤에도 반 아이들은 쥐죽은 듯 조용했다. 항상 흔들흔들, 시끌시끌한 우리 반이었는데 이렇게 조용해진 것이 신기했다. 그날처럼 큰 목소리를 낸 것은 처음이라 가슴이 터질 듯 쿵쾅거렸다. 떨리는 손을 꼭 잡고 교무실로 돌아왔다. 뭔가 기선제압이 확실히 된 것 같았다. 이제 내 말에 아이들이 착착 잘 따라오고, 질서정연한 반이 될 것이라는 기대가 생겼다. 며칠간 싸늘한 분위기를 유지했다가 조금씩 풀어주면 된다는 생각을 했다.

다음날부터 민수는 지각을 하지 않았다. 아이들도 조회, 종례 시간에 전혀 떠들지 않았다. 역시 기선제압이 필요했다는 생각을 하며 옆 반 선생님께 자랑까지 했다. 며칠이 지나서 이제 분위기를 풀어야겠다는 마음이 들었다. 아이들에게 웃고 농담을 하며 예전처럼 대했다. 그런데 아이들의 반응은 내 예상과 달랐다. 같이 마음을 풀어줄 줄 알았는데 아이들은 여전히 냉담했다. 어색해서 그러려니 하며 며칠을 기다렸다. 그러나 예전의 친밀했던 관계로는 회복이 되지 않았다. 너무 당황스럽고 속상했다. '이게 아닌데, 내가 바랐던 결과는 이게 아닌데.'하며 이 방법 저 방법으로 아이들에게 다가가려했다. 그런데 아이들의 마음이 쉽게 열리지 않았다. 그렇게 한 달이 지난 것이다. 나의 교직 생활 중에 지난 한 달은 최악의 시간이었다. 아이들은 자기들끼리 똘똘 뭉쳐 있고, 나는 홀로 떨어져 있다. 아이들이 큰 문제는 일으키지 않기 때문에 나도 그냥 이런 대면 대면한 관계를 받아들일까? 편하게 일 년을 지낼까? 하는 생각이 들기도 한다. 그런데 몸은 편할 수 있어도 마음이 너무 괴롭다. 우리 반에 들어가는 것이 매일 괴로운 이 상황을 어찌 할지 모르겠다. 아이들에게 편지라도 써볼까? 내 진심을 터놓고 이야기해볼까? 그런데 그러면 교사인 나를 아이들이 너무 얕잡아보지 않을까? 남은 시간동안 아이들이 하자는 대로 끌려 다니면 어쩌지? 그래도 지금의 이런 관계는 아닌데……아, 정말 어찌 해야 할지 갈피를 잡지 못하는 요즘이다. 아이들의 마음이 왜 이리 닫혔을까? 아이들의 마음을 풀려면 어떻게 해야 할까?

2) 학부모의 이야기

사랑하는 선생님! 반에서 일어나는 상황들로 많이 당황스럽고 힘드시죠? 깊은 고민에 잠긴 선생님의 모습이 그려져서 저도 마음이 아픕니다. 입맛이 없으시겠지만 그래도 일단 식사부터 하세요. 오늘 제가 준비한 음식은 닭볶음탕이에요. 고민하느라 기력이 없으신 선생님에게 조금이나마 힘이 되면 좋겠어요. 아, 요리하는 방법도 궁금하시다는 선생님의 말씀이 기억나네요. 요리법은 다 드시고 난 후에 알려드릴게요. 일단 따뜻할 때 얼른 먹기 시작해요, 우리.

닭볶음탕을 만들면서 '알다'라는 단어가 떠올랐어요. 무언가 몰랐던 것을 아는 것, 알았던 것도 더 깊거나 다른 측면을 아는 것이 요리에도 필요하더라고요. 당근이나 양파가 지용성 비타민이 많다는 것을 알고 나니 기름에 볶는 조리법을 선택할 수 있었어요. 기름과 만나야 영양이 더 높아지는 재료의 특성을 '알게' 되니 조리법도 바꿔더라고요. 또한 진하게 우려낸 육수가 필요하다는 것을 '알게' 되니, 요리 시작하면서 바로 다시마와 셀러리 잎을 끓여 육수를 만들 수 있게 되었지요. 육수의 필요성을 육수를 넣어야 할 때 알았다면 그때는 이미 늦은 상황이죠.

'아는 것'은 아이들과의 관계에서도 중요하다고 생각해요. 지금의 아이들은 어떤 특성이 있을까요? 자기 자신을, 또래를 그리고 어른들을 어떤 시각으로 보고 있을까요? 학교와 공부에 대한 생각은 어떨까요? 가장 중요하게 여기는 것은 무엇일까요? 어떨 때 행복해할까요? 반면에 어떨 때 슬프고 화가 날까요?

지금은 세 아이의 엄마로 살아가고 있지만 제가 초보 엄마일 때는 정말 아무것도 몰랐답니다. 물론 지금도 아이들을 다 알지는 못해요. 내 뱃속에서 열 달을 품었다가 낳은 아이인데도 왜 저렇게 행동하고 생각하는지 참 모르겠더라고요. 알기 위해서, 알아야 이해를 할 것 같아서 이런저런 시도를 했었어요. 우선은 저와 제 아이, 그리고 우리 가족의 여러 특성들을 전문적인 도움을 받아 살펴보았어요. 다양한 심리 검사, 성격 검사들을 했고 상담도 받았어요. 관련 책들이나 영상을 찾아보기도 했죠. 무엇보다 중요하고 효과가 있었던 것은 아이와 진심 어린 마음으로 이야기하고 놀고먹으며 시간을 보냈던 거였어요.

이 시기의 아이들은 집에 오면 친구에 대한 이야기를 가장 많이 하더라고요. 솔직히 엄마의 입장에서는 학교 공부나 수업 활동에 대한 이야기를 듣고 싶을 때가 많은데 말이죠. 친구와의 관계에 따라 감정이 왔다 갔다 하는 모습도 참 많이 보았어요. 선생님도 아시는 것처럼 그만큼 지금의 아이들은 친구가 참 중요한 존재랍니다. 민수가 지각을 한 것은 규칙을 어긴 사안이기 때문에 확실한 잘못이에요. 그러나 아이들에게는 규칙을 지키는 것보다 친구가 더 중요하죠. 그래서 선생님의 훈육이 효과를 발휘하기 어려웠다고 생각해요.

지금 나이의 아이들이 어떤지 여러 도움을 받아 알게 되면 모든 게 쉬워질 거예요. 아는 만큼 이해할 수 있죠. 도저히 용납 안 되던 것도 상황과 특성을 알고 나면 조금은 이해할 수 있듯이요. 아이들의 특성에 대해 아는 것은 교사에게도, 부모에게도 중요하다고 생각해요. 그리고 나 자신에 대해 아는 것도 필요해요. 내가 어떤 사람인지에 따라 아이들과 관계를 맺는 색깔이 달라지니까요. 내가 잘 하고 좋아하는 것에 초점을 맞춰서 그 방향으로 관계를 풀어나가세요. 다른 사람의 방법이 효과가 좋아보여서 내 성향과 맞지 않는데도 따라 하다보면 결국 탈이 나게 되어요. 함께 신나게 노는 것이 좋은지, 개인이나 소수로 차분히 이야기하는 것이 좋은지, 유연한 사고를 잘 하는지, 체계적인 계획을 잘 하는지에 따라 학급운영의 모습이 달라지겠죠. 열 명의 엄마가 있다면 열 개의 양육방식이 존재한답니다. 열 명의 선생님이라면 열 개의 학급운영방식이 존재하는 것이 자연스럽지 않을까요? 자녀를 키우면서도 계속 공부하게 되더라고요. 상담, 감정 코칭, 학습 코칭, 에니어그램, 다중지능, 관계 세우기, 회복적 생활지도 등 선생님께서 흥미를 느끼시는 부분에 대해 지속적으로 연구해 가시다보면 선생님 자신과 학생들에 대해 더 깊이 이해하고 사랑할 수 있을 겁니다.

또한 아이들은 선생님의 마음을 민감하게 느꼈을 거예요. 저희 아이가 집에 와서 선생님들이 하신 행동을 이야기하며 그 숨은 의미를 나름대로 파악할 땐 깜짝 놀라곤 해요. 어른들이 생각하는 것보다 아이들은 더 민감하고 세밀하더라고요. 어른들도 누군가를 만나다보면 그의 진심이 느껴질 때가 있잖아요. 말로 명확히 설명할 순 없어도 뭔가 마음으로 전달되는 느낌, 감정 같은 거요. '촉'이라는 단어가 적절할까요? 아무튼 아이들은 그 촉이 더 민감해요. 아이들은 선생님께서 민수를 혼내셨을 때 뭔가 다른 것이 있다는 것을 감지했을 거예요. 누군가 보이고 말하는 것 이면의 다른 의도를 가졌다고 느낄 때 아이들은 세게 저항하게 되지요.

육아를 하면서도 '기선제압'의 화두는 늘 있었어요. '아이의 버릇을 처음에 잘 들여야 한다, 고집을 꺾어야 한다, 질서를 알게 해야 한다.' 등 많은 조언과 방법들이 있어요. 세 아이를 키우면서 이것저것 많이 시도해봤답니다. 첫 아이 때의 실패를 만회하기 위해 둘째, 셋째 아이 때는 또 다른 방법을 찾아 노력하기도 했지요. 그 과정을 다 이야기할 수는 없지만 결론은 내렸어요. 기선제압, 좋은 버릇 만들기에 제일 좋은 방법은 깊은 이해에서 나오는 사랑이었어요. 육아와 학급운영은 다른 점도 분명히 있기 똑같지는 않으리라 생각합니다. 그렇지만 비슷하지 않을까요? 선생님도 학생들을 알고, 학생들도 선생님을 알게 되면 문제는 의외로 쉽게 풀릴 거예요. 그러니 선생님의 진짜 마음을 아이들에게 알려주세요. 저희 아이들도 학교 선생님에게 감동할 때가 있는데 그런 상황의 공통점은 진심이 통할 때더라고요. 편지를 쓰셔도 좋아요. 아이들과 둥글게 앉아서 돌아가며 마음을 나누는 시간도 좋고요.(회복적 생활교육의 '서클 타임' 방식을 추천 드려요.) 분명 용기가 필요할 거예요. 상황이 더 악화될 지도 모른다는 두려움도 있으실지 몰라요. 그러나 선생님 안에 이미 학생들을 향한 사랑이 있기에 잘 이겨내실 거예요. 저는 믿어요.

어머, 벌써 다 드셨군요. 맛나게 먹어주셔서 정말 감사해요. 선생님 드리려고 평소보다 더 신경을 썼어요. 속이 든든해야 용기도, 힘도 난답니다. 선생님은 잘 하실 수 있어요. 저도 마음 모아 응원할게요. 그럼 또 뵈어요, 선생님!

추신) 요리법도 알려드립니다.

<닭볶음탕 레시피>

준비물	* 재료: 당근, 감자, 양파, 볶음용 닭 한 마리, 닭다리 한 팩, 당면, 떡 사리, 대파, 깻잎, (다시마, 셀러리 잎 사귀 :국물용) * 양념장: 고추장 3스푼, 간장 2스푼, 까나리액젓 1스푼, 매실청 2스푼, 마늘 3스푼, 고춧가루(매운맛) 2스푼, 올리고당 1~2스푼, 생강 분말 약간, 후춧가루 약간
요리 과정과 맛내기 팁(유의사항)	1. 다시마와 셀러리 잎사귀 뭉치를 넣은 물을 끓이기 시작합니다. 메인 재료를 준비하면서 이 물은 옆에서 계속 끓입니다.(셀러리를 사면 줄기는 먹는데 잎사귀들은 어쩔까 고민하다 국물 내는 용으로 사용했어요. 특히 닭처럼 냄새를 주의해야 하는 요리에는 딱 좋더라고요.)

2. 당근과 감자는 모서리가 부서지므로 살짝 돌려깎습니다. 당근은 1의 물에 넣어 계속 끓입니다. 당근은 끓는 물에 익히듯 데칩니다.(이 물은 나중에 닭볶음탕 국물로 사용해요.)

3. 웍에 데쳐낸 당근을 소금간 살짝 해서 기름에 볶아냅니다.(당근은 기름과 만났을 때 영양과 맛이 상승하고, 후에 색깔도 선명해지는 효과가 있어요.)

4. 2의 웍에 닭을 굽듯이 확 볶아냅니다. 닭이 많이 익을 정도로, 껍질이 팬에 닿는 위치에서 충분히 볶으면 좋아요. (저는 닭을 씻지 않고 이렇게 센 불에 볶아서 사용해요. 씻어내면 맛이 떨어질 듯해서요. 대신 센 불에 볶아내면 소독 효과도 생기고 더불어 닭 껍질의 기름도 빠져나가요. 껍질이 살짝 바삭해져서 조금 더 맛있어져요.)

5. 3의 웍에 양파 간 것을 기름에 볶아낸다.(물론 각 순서마다 이전의 재료들은 건어냅니다. 저는 양파 간 것을 잘 사용하는 편입니다. 요리에 양파를 사용하면 풍미가 잘 드러난답니다. 당근처럼 양파도 지용성 비타민이 많아 기름과 친하므로 간 양파를 기름에 잘 볶아 단맛과 영양을 끌어냅니다.)

6. 4의 웍에 이번엔 양파가 있는 채로, 그 위에 미리 만들어둔 양념장을 붓고 조금 끓여냅니다.(이렇게 하면 양파와 양념장이 잘 어우러지며 더 깊은 맛을 우려낼 수 있어요.)

7. 6의 양념장 끓이는 웍에 4의 볶아낸 닭고기 덩어리들을 넣고 닭고기에 양념 맛이 충분히 배이도록, 중불에서 잘 저으며 익혀줍니다.

8. 당면과 떡은 미리 데쳐서 익혀놓은 후 마지막 끓일 때 넣어 함께 어우러지게 합니다.(너무 미리 넣으면 밑에 가라앉아 눌러 붙거나 타버립니다.)

9. 7의 웍에 다시마와 셀러리 잎을 건져낸 국물을 감자와 함께 붓고, 끓기 시작하면 대파 썰어둔 것 넣습니다.
10. 마지막 간을 하고 10분정도 더 끓이다가 불을 끈 후 적당히 자른 깻잎을 넣고 뒤적여주면 완성입니다.

레시피 및 사진 : 김희주님 제공

2. 두 번째 레시피 : 갈치구이
- 적절한 타이밍에 협력하기 (학생과 학생의 관계)

1) 선생님의 이야기

오늘은 우리 초등학교의 졸업식 날이다. 나는 6학년 담임은 아니었기 때문에 졸업식이 끝난 후 바로 교실로 왔다. 이런저런 밀린 일을 처리하고 있었는데 교실 뒷문이 살며시 열렸다. 작은 꽃다발과 편지를 들고 있는 종민(가명)이었다.

"어머, 종민아! 어쩐 일이니?"

"저, 선생님......"

종민이는 쭈뼛거리며 내가 있는 교실 앞으로 걸어왔다.

"선생님, 저 졸업해요. 5학년 때 선생님이 담임선생님이어서 좋았어요. 감사해요."

종민이는 꽃다발과 편지를 내 책상에 올려놓았다.

"고마워......"

내가 다음 할 말을 고민하는 사이에 종민이는 꾸벅 인사를 하고는 부리나케 교실 밖으로 나갔다. 무언가로 뒷통수를 한 대 맞은 듯한 뻐근한 느낌이 들었다. 종민이가 졸업식 날 감사하다며 나에게 찾아올 줄은 몰랐다. 종민이가 보낸 5학년이 얼마나 힘들었을지 그때보다 지금, 시간이 갈수록 더 많이 느끼고 있다.

다소 느리고 순한 성격의 종민이는 친구관계에서 어려움을 겪고 있는 아이였다. 반에서 친하게 지내는 친구가 없었다. 아이들은 이미 자기들만의 무리가 형성되어 있었다. 수업이나 외부 활동을 할 때 종민이는 대부분 혼자였다. 담임이었던 나는 종민이의 어려움을 알고 있었다. 그러나 예전부터 이어져 온 문제라서 내가 어찌하기엔 어렵다고 생각했다. 아이들이 더 성숙해지고 시간이 지나면 해결되겠지라는 생각도 있었다.

5월쯤인가 근처 놀이공원으로 5학년 전체가 체험학습을 갔었다. 우리 반은 놀이공원에서 함께 움직일 조를 미리 짜서 아이들에게 알려줬다. 조별로 놀이 기구를 타고 점심 식사도 한 후 오후에 정한 시간까지 입구로 같이 오는 것이 규칙이었다. 아이들과 입장을 한 후 주변을 조금 둘러보다가 동료 선생님과 함께 카페에서 쉬었다. 여유롭게 커피를 마시는 그 시간이 참 좋아서 시간 가는 줄 모르고 있었다. 그러다가 배가 고파져서 점심을 먹고 반 아이들을 찾아보았다. 놀이공원이 너무 넓어서 아이들을 다 만나지는 못했다. 그래도 다들 잘 놀고 있는 것 같았다. 어느새 집합 시간이 되어서 입구 쪽으로 이동을 했다. 이미 와 있는 아이들도 있었다. 그런데 입구 쪽 벤치에 종민이가 혼자 앉아 있었다. 주변을 둘러보아도 종민이와 같은 조 아이들은 없었다. 잠시 후에 종민이네 조 아이들이 아이스크림을 하나씩 먹으며 모임 장소로 왔다. 조장인 창재를 불렀다.

"창재야, 지금 오는 거니?"

"네. 왜 그러세요?"

"너희들 종민이와 같이 안 다녔니?"

"……"

"어떻게 된 거야?"

"그게 아니라요. 저희가 빨리 놀이기구 타려고 막 뛰어 들어갔는데 종민이가 안 따라왔어요. 나중에 보니까 없더라고요."

"알겠어. 일단 줄 서 있어."

종민이는 아이들이 모여들자 벤치에서 일어나 우리 반 자리로 왔다. 손에는 작은 게임기가 들려있었다. 가방은 오전에 메고 온 그대로인 것 같았다. 종민이와 이야기를 해볼까 하다가 그만 두었다. '아, 체험학습까지 와서 또 내가 여기에 신경 써야 하나.'하는 피로감이 들어 기분이 상했다. 어쩔 수 없다는 생각도 들었다. 대신 종민이네 조 아이들을 다시 불렀다. 이런 식으로 선생님이 정한 규칙을 어기면 안 된다고 이야기를 했다. 아이들이 일부러 종민이를 따돌렸을 가능성이 매우 컸지만 더 길게 말하는 것이 솔직히 귀찮았다. 그래서 간단히만 이야기 한 후 돌려보냈다.

그날 저녁, 집에 와서 쉬고 있는데 종민이 어머니께 전화가 왔다. 종민이가 하루 종일 벤치에 앉아서 게임기만 하고 있었고, 점심도 못 먹었다며 이 상황을 혹시 모르실까봐 알려드리려고 전화했다고 하셨다. 나는 당연히 알고 있었고 종민이네 조 아이들과 이야기해서 잘 해결했다고 말씀드렸다. 그 뒤로도 종민이는 친구들과 어울리는 것을 힘들어했다. 나는 종민이가 마음에 걸리긴 했지만 적극적으로 개입을 하진 못했다. 그렇게 일 년이 지나갔다. 내 기준에서는 별 탈 없이 지나간 한 해였다.

종민이를 다시 생각하게 된 것은 외국에서 살다가 한국으로 돌아온 조카 때문이었다. 조카는 초등학교 6학년으로 편입을 했는데 한국의 학교생활을 너무 힘들어했다. 명랑하고 착한 아이였는데도 친구들과 관계를 잘 맺지 못했다. 집에 오면 매일 운다는 조카의 말을 들으며 불현 듯 종민이가 생각났다. 지금껏 한 번도 본 적 없는 조카의 무기력하고 어두운 얼굴을 보면서 참 마음이 아팠다. 종민이도 작년에 저렇게 힘들어했던 걸까? 또한 그런 조카로 인한 새언니의 고통을 보면서 종민이의 어머니도 많이 고통스러우셨겠지? 하는 생각도 했다.

친구 관계로 힘들어하는 학생이 있을 때 담임교사인 나는 어떻게 했어야 했을까? 하는 고민을 그제서야 깊이 하게 되었다. 무엇을 도와야했을까? 어려움을 겪는 아이, 주변 아이들과 어떤 이야기를 나눠야했을까? 어려움을 겪고 있는 아이의 부모님께는 어떻게 해야 했을까? 해결을 위해 어디에서, 어떻게 도움을 받아야했을까? 많은 질문이 생겼다. 해결을 위해 이리 저리 찾아봤으나 그에 대한 답은 쉽게 나오지 않았다. 역시 따돌림의 문제는 해결하기 힘들다는 내 생각만 확고해졌다. 그렇게 예전처럼, 바쁜 일상에 치여 고민 없이 그냥 적당히 흘러가고 있었는데 종민이가 찾아온 것이다. 힘들어하는 자신을 위해 별다른 노력을 하지 않았던 담임선생님을 찾아와 고맙다는 인사를 한 것이다. 마음이 먹먹했다. 다시 고민을 시작해 달라는 어떤 신호 같았다. 골치 아프고 만나고 싶지 않은 상황이지만 어린 학생의 평생을 좌우할 수도 있는 문제 앞에서 도망치지 말라는 메시지 같았다. 종민이처럼 힘들어하는 아이들을 돕기 위해 교사는 무엇을 해야 할까? 이 먹먹함을 기억하며 다시 고민을 시작해야 할 것 같다.

2) 학부모의 이야기

사랑하는 선생님! 먹먹한 마음으로 힘든 고민을 시작하신 선생님을 응원해요. 선생님의 고민과 실천을 통해 많은 아이들이 살아날 것을 기대합니다. 그 응원과 기대의 마음을 담아 갈치구이를 준비했어요. 따신 밥에 갈치구이 한 점 얹어서 맛나게 드셔요. 갈치구이는 그냥 굽는 거라 특별한 레시피는 없지만 그래도 간략한 레시피와 조리 팁 알려드릴게요. 젤 밑에 표로 적어놓았어요.

생선구이는 참 맛있죠. 그런데 비린내와 뒤처리가 조금 불편한 것 같아요. 여기저기 생선 기름이 튀거나 묻기도 하고 프라이팬에 비린내가 배기도 하고요. 그래서 프라이팬에 그대로 생선을 올리지 말고 종이호일을 깔고 올리는 게 좋답니다. 그래야 프라이팬에 비린내가 배지 않아요. 다 굽고 나서 먹을 때도 종이호일 그대로 접시에 올리세요. 먹고 나서 가시 버릴 때 종이호일을 들어서 버리면 되니깐 깔끔하답니다. 비린내 나는 프라이팬이나 가시, 휴지 등도 바로바로 처리해야 더 심한 냄새가 나는 것을 예방할 수 있어요.

선생님의 이야기를 듣고 갈치구이를 준비하면서 적절한 타이밍이 참 중요하겠다는 생각을 했어요. 비린내 나는 쓰레기를 빨리 버리지 않으면 냄새가 더 심해지는 것처럼 제때 해결하지 않아서 더 큰 문제가 되어버리는 경우를 살면서 많이 겪었어요. 속담도 있잖아요? 호미로 막을 것을 가래로 막는다는. 자녀들이 학교에서 겪는 아주

사소한 일까지 부모들이 알 필요는 없다고 생각해요. 다 알고 간섭하는 것은 오히려 자녀들에게 안 좋은 영향을 끼치는 부분이 많죠. 그러나 특별히 '관계'와 관련된 문제가 생겼을 때는 되도록 빨리 부모와 머리를 맞대고 함께 논의하면 좋을 것 같아요. 학교에서 다 알기 힘든 아이의 기질이나 상황까지 부모를 활용하여 다각도로 고려하는 거죠. 예측 불가능하고 개성 가득한 청소년들을 만나고 있는 선생님들과 부모들은 어찌 보면 동병상련의 처지랍니다. 홀아비 사정은 과부가 안다고 하지요? 선생님께서 도움을 청하시면 부모들은 기꺼이 함께 해주리라 믿어요. 결국은 귀한 자녀들, 제자들을 돕기 위한 일이니까요. 소통과 대화를 통해 부모들을 선생님의 든든한 지원군으로 활용하세요. 지원군이 많으면 많을수록 문제는 더 빠르고 지혜롭게 해결될 거예요. 종민이도 관계의 어려움이 나타난 초기에 잘 대처했다면 문제해결이 더 쉬웠을 거예요. 그 시기를 놓친 것이 참 아쉽지요. 그런데 다시 생각해보면 지금이 종민이를 돕기 위한 가장 빠른 시기예요. 이대로 시간이 지난다면 나중에 또 똑같은 아쉬움을 느끼게 되겠지요. 졸업을 하는 종민이에게는 작은 격려의 메시지를 보내주시면 좋을 것 같아요. 중학교에 올라가며 긴장할 종민이에게 큰 힘이 될 겁니다.

인간관계에 관련한 문제는 제일 어렵고 복잡하다고 생각해요. 저는 제 아이 몇 명만 해결하면 되는데 선생님은 스무 명이 넘는 아이들을 만나시니 얼마나 힘드시겠어요. 선생님 혼자서 모든 문제를 해결하는 것은 너무 벅차답니다. 외부의 도움을 기꺼이 받으시면 좋겠어요. 부모들의 도움 뿐 만 아니라 외부 상담 전문가나 청소년

전문가(또래집단 이해, 놀이치료, 모노 드라마 · 사이코 드라마 치료 등)와 협력하시면 모두에게 좋을 것 같아요. 학교에서 제도적으로 함께 문제를 풀어갈 협력체를 구성하면 어떨까하는 생각도 해요. 선생님들, 돕고자 하는 마음을 가진 협력적인 부모들, 외부 전문가들로 구성된 모임이 있다면 선생님들께 힘이 되지 않을까요?

부드럽게 뒤집지 않으면 금세 살이 부스러지는 갈치구이처럼 아이들의 감정은 작은 것에도 동요되는 것을 많이 봤어요. 감정의 소용돌이를 겪는 아이들을 대할 때 그 아이의 정서와 감정을 먼저 알아주는 것이 중요해요. 저희 아이도 똑같더라고요. 자기가 분명 잘못을 했어요. 그런데도 선생님께서 문제 있는 아이, 나쁜 아이로 먼저 재단을 하고 다가오시면 자신의 잘못을 인정하고 돌아보지 않더라고요. 오히려 자신을 보호하려는 의지 때문인지 더 부정적이고 공격적으로 변하는 것을 봤어요. 시간과 노력이 좀 더 들지만 아이의 이야기와 감정을 먼저 들어주는 것이 충분히 진행되면 오히려 그 다음이 쉽더라고요. 어려움을 겪는 아이를 만나실 때도 적용되는 이야기지만, 다른 친구에게 어려움을 주는 아이를 만나실 때도 똑같이 적용되어야 할 것 같아요. 피해자와 가해자라는 이분법적 시각이 아니라 내면의 이야기를 들어줄 수 있는 선생님이 있다면 아이들도, 선생님 자신도 참 행복하겠다는 생각을 합니다.

제가 생각하는 것보다 학교 현장에서 선생님께서 느끼실 어려움이 얼마나 크시겠어요. 선생님을 위해 많이 기도할게요. 저의 도움이 필요하시면 언제든지 꼭 연락주세요. 저를 그냥 버려두지 마시고 꼭 지원군으로 활용하시길 바라요, 선생님! 물론, 오늘처럼 갈치구이가 드시고 싶으실 때도 편하게 연락하셔도 좋답니다. 선생님의 연락을 기다리고 있을게요. 다시 뵈어요, 선생님!

〈갈치구이 레시피〉

준비물	* 재료: 갈치, 소금(천일염)
요리 과정	1. 냉동갈치를 해동합니다.(몇 시간 전에 미리 꺼내놓거나 팩 째 미지근한 물에 담급니다.) 2. 지느러미, 비늘, 내장을 제거하고 물에 헹굽니다.(구이용은 간단히 제거해도 괜찮아요.) 3. 프라이팬에 종이호일을 깔고 기름을 두릅니다. 4. 앞뒤로 기름을 바르고 소금을 뿌려요.(미리 뿌리지 않아도 겉에 제법 뿌리면 밥반찬으로 맛있어요.) 5.뚜껑을 덮어서 중불에 익히다가 뚜껑을 열어 수분을 좀 날려주고 뒤집어서 굽습니다.(뒤집을 때 살살 잘~~!! 갈치가 두꺼울 경우 속까지 잘 익고, 시간을 단축하도록 뚜껑을 이용합니다.) 6.앞뒤로 노릇노릇 잘 익으면 종이 호일 째 접시에 담습니다.(그대로 가시 발라서 먹은 후에 종이 호일 째 버리면 깔끔하지요.)
맛내기 팁과 유의사항	- 고추냉이 간장을 찍어먹어도 맛있어요. - 천일염으로 간하면 더 맛있지요. - 프라이팬은 뜨거울 때 바로 닦아놓습니다.(생선용 팬을 따로 정해놓고 사용하면 좋아요.) - 식사 후 냄새나는 가시, 호일, 휴지 등은 작은 비닐봉지에 담아 묶어서 배출하면 비린내가 풍기지 않아서 좋아요.

레시피 및 사진 : 임순미님 제공

3. 세 번째 레시피 : 김치찌개
– 소중한 존재인 서로를 신뢰하기 (학부모와 학부모의 관계)

1) 선생님의 이야기

'고래 싸움에 새우등 터진다.'라는 속담을 절절히 체험하고 있는 요즘이다. 새우의 입장이 되어보니 새우가 이런 기분이었겠구나, 얼마나 당황스러웠을까하는 생각을 하게 된다. 힘없는 새우가 무엇을 할 수 있을지도 고민이다.

사건은 지난주에 일어났다. 진경(가명)이는 성격이 밝고 친절한 여학생이다. 그래서 주변에 늘 친구가 많았다. 전교부회장을 맡고 있어서 선후배 관계도 좋았다. 민아(가명)는 조용하고 차분한 성격으로 몇몇 친구를 깊이 사귀는 편이었다. 민아는 학기 초에 진경이와 짝꿍을 하면서 진경이를 참 좋아하게 되었다. 민아는 진경이와 단짝이 되고 싶어서 진경이에게 더 다가가려고 했다. 진경이도 민아가 좋았다. 그렇지만 민아 말고도 친한 친구가 많았기 때문에 민아와 그리 많은 시간을 보내지는 못했다. 그런 진경이에게 민아는 심한 서운함을 느꼈다.

혼자 며칠을 힘들어하던 민아는 어머니에게 자신의 마음을 털어놓았다. 그 과정에서 민아의 어머니께서는 진경이가 일부러 민아와 놀지 않는다는 오해를 하시게 되었다. 자신의 딸을 왕따 시킨다는 생각을 하신 것이다. 민아 어머니께서는 그 다음날 방과 후, 학교에 찾아오셨다. 빈 교실에서 담임인 나와 이야기를 나누시면서 왕따에 대한 오해는 어느 정도 풀리셨다. 그런데 상담을 마치고 나가시면서 방과 후 수업으로 학교에 남아있던 진경이를 만나게 되셨다. 민아 어머니께서는 '네가 진경이구나. 나는 민아 엄마야. 민아랑 잘 지내주면 좋겠어.'라는 내용의 말씀을 하셨다고 한다.(나도 그 자리에 직접 있지는 않았다. 민아 어머니께 들은 내용이다.) 그런데 민아 어머니와의 만남이 진경이에게는 힘든 시간이었던 것이다. 진경이는 집에 돌아가 자신이 겪은 일을 울면서 어머니에게 말했다. 진경이는 민아 어머니께서 자신을 혼내고 겁주었다고 말했다. 진경 어머니께서는 그날 나와 통화를 한 후, 다음날 아버님과 함께 학교로 찾아오셨다. 아버지께서는 매우 화가 나신 상황이었다. 자신의 딸이 억울하게 오해를 받았고, 민아 어머니께서 아이를 겁주었다며 목소리를 높이셨다. 민아의 부모님을 만나셔야겠다고 하셨다. 진경이 부모님을 겨우 진정시켜 드리고 담임으로서 잘 중재하겠다고 말씀드렸다.

그런데 문제는 또 있었다. 반 아이들이 민아를 욕하기 시작한 것이다. 민아가 부모님까지 대동해서 진경이를 힘들게 했다며 나에게 찾아와 민아가 잘못했다고 말하는 아이도 있었다. 아이들의 수군거림과 눈초리를 민아는 금세 알아차렸고 교실 책상에 엎드려 펑펑 울기 시작했다. 우는 민아를 달래고 아이들에게 상황을 설명하고 진경이를 불러 다시 상담하고……그 날은 정말 시간이 어떻게 갔는지, 내가 어떤 정신으로 하루를 살았는지 알 수가 없다. 민아 부모님께 상황을 알려드려야할 것 같았다. 아이들이 하교한 후에 전화를 드리려는데 어떤 말을 해야 할 지 막막했다. 그래도 일단 전화를 해서 자초지종을 설명해드렸다. 그런데 민아 어머니도 감정이 상한 상태셨다. 민아가 점심시간에 울면서 어머니에게 전화를 해서 상황을 전달한 것이다. 민아 어머니께서는 진경이와 진경이 부모님 때문에 민아가 학교를 다닐 수 없게 되었다고 하시며 나에게 어떻게 처리할 거냐고 따져 물으셨다. 아, 내가 무얼 어찌 할 수 있을까? 정신이 아득해졌다. 일단 죄송하다고 말씀드리며 조금 기다려 달라고 부탁드리고는 전화를 급히 끊었다. 진경이 부모님은 민아 부모님을 만나서 사과를 받겠다고 하시고, 민아 부모님은 민아가 학교생활을 못하게 되었다며 진경이 부모님과 진경이가 해결해야 한다고 하시고......결국 양쪽 부모님 모두 화가 나신 상태였고 상황은 최악으로 흘러가고 있다.

　반 분위기 또한 너무 안 좋다. 민아는 며칠 째 결석 중이다. 아이들로부터 상처를 받았을 민아가 많이 걱정된다. 반 아이들은 그런 민아를 이해하지 못하고 있다. 내가 차근차근 설명하고 오해가 생긴 부분을 설명해도 온전히 받아들이지 않는다. 이미 민아에 대한 미움과 오해가 깊이 생긴 탓이다. 친구에 대해 미워하는 마음을 갖게 된 우리 반 아이들이 너무 안타깝다. 양쪽 부모님께서 매일 연락을 하셔서 어떻게 할 거냐고 물어보시는데 정말 어떻게 해야 할지 모르겠다. 서로가, 서로의 자녀가 잘못한 것이라고 생각하고 계시는 상황이다. 반 아이들도 문제지만, 학부모들 간의 다툼은 어찌 해야 할지 매우 난감하다. 부모님들 모두 나보다 나이도 많으시고 성인이신데 내가 무얼 할 수 있을까? 학부모들에게 신뢰를 주지 못한, 또는 카리스마가 부족한 내 탓도 큰 것 같아서 참 괴롭다. 민아 부모님, 진경이 부모님 모두 함께 모여 이야기를 해야 하나 싶다가도 그 상황이 너무 두렵다.

2) 학부모의 이야기

사랑하는 선생님! 정말 난감하고 힘든 상황에 처해있는 선생님을 생각하니 많이 안쓰럽고 속상하네요. 뜨끈한 김치찌개 드시면서 조금 마음이 편해지시면 좋겠어요. 고기와 두부도 듬뿍 넣었으니 호호 불며 맛나게 드세요.

김치찌개는 편하게 자주 해 먹는 메뉴이죠. 오늘처럼 돼지고기와 두부를 넣을 때도 있고, 참치나 꽁치를 넣기도 해요. 당면(또는 라면)이나 만두, 떡 등을 사리로 넣을 수도 있고요. 그런데 김치찌개의 맛을 좌우하는 것은 다양한 재료들이 아니더라고요. 가장 기본이 되는 것은 김치예요. 잘 익은, 맛있는 묵은지가 맛을 좌우하는 결정적인 부분이에요. 제대로 된 묵은지만 있다면 다른 것 다 빼고 묵은지만 넣고 찌개를 끓여도 맛나지요.

부모들 사이에 이런 말이 있어요. 학교에 선생님을 만나러 가서 무언가 자녀에 대한 안 좋은 이야기를 하면, '어머, 우리 아이는 그렇지 않은데요?'라고 잡아떼라고. 그렇지 않으면 안 좋은 쪽으로 덤터기를 쓴다는 거죠. 참 슬픈 말이지요? 위의 말도, 그리고 진경이와 민아 부모님들도 결국은 서로에 대한 신뢰가 없기 때문에, 안전하다고 느끼지 못하기 때문에 생기는 일이라고 봐요. 김치찌개의 핵심이 묵은지라면 관계의 핵심은 신뢰인데 그것이 부재한 상황인 것이죠. 부모가 '내 자식은 내가 지켜야 한다'라는 마음을 먹으면 그때부터 문제는 점점 더 어려워지는 것 같아요. 교실이, 학교가 서로에 대한 신뢰 위에 안전하게 유지되는 공간이 되도록 서로 노력하며 약속하는 것이 필요해요. 그런데 그런 이해나 노력 없이 자신의 주장만 하다보면 극단적인 모습이 나타나는 것 같아요.

두 분 부모님께 민아와 진경이 그리고 반 아이들을 사랑하고 걱정하는 선생님의 마음을 전달하시는 것이 첫 단계라고 생각해요. 우리 담임선생님이 내 아이를 깊이 사랑하고 계신다는 사실을 직접 듣는 것이 부모의 입장에서는 큰 힘과 위로가 된답니다. 마음이 조금 부드러워지면 그제야 다른 아이들도 보이기 시작해요. 내 아이뿐 만 아니라 똑같이 소중한 반 친구들을 생각하며 가장 지혜로운 방법을 찾게 되는 경우가 많답니다. 자녀가 행복하려면 자녀가 속한 공동체가 행복해야 한다는 것, 공동의 선한 목표를 위해 함께 고민해야 한다는 것을 민아와 진경이 부모님에게 이야기해주시면 좋을 것 같아요. 나이는 어리지만 학급운영이나 청소년기 아이들의 또래 관계 등 학교의 상황에서는 선생님께서 전문가이시기 때문에 용기 있게 부모님들과의 만남을 추진하셔도 괜찮답니다. 관계는 관련된 두 아이만의 요인이 아니라 학급 전체, 학교 전체와의 역동적인 연결로 이뤄진다고 생각해요. 따라서 그것을 알고 있는 선생님께서 해결해야 함도 부모님들께 명확히 알려주세요. 선생님의 문제 해결 의지가 확고함을 느끼면 부모들은 선생님을 더 신뢰하게 된답니다.

부모들 간의 안 좋은 감정은 자녀들끼리 풀리게 되면 자연스럽게 해결되더라고요. 자녀가 행복하면 덩달아 행복해지는 것이 부모니까요. 사실 부모들끼리는 자주 만날 일도 없기 때문에 자녀들이 괜찮아지고 시간이 조금 흐르면 잘 풀어질 거예요. 그러니 부모님들을 너무 두려워하지 마세요. 민아와 진경이 그리고 반 아이들의 관계를 어떻게 풀어갈 지에 초점을 맞추시면 될 것 같아요.

자녀를 키우는 부모의 한 사람으로서 내 자녀만 생각하는 이기심은 없었는지 돌아보게 되네요. 내 자녀가 소중한 만큼 다른 아이들도 소중한 것을 기억할게요. 그리고 누군가의 자녀인 선생님들 역시 참 소중한 존재라는 것을 잊지 않을게요. 이따가 엄마들 모임이 있는데 소중한 존재인 서로를 신뢰하는 것이 얼마나 중요한지 나눠야겠어요. 넉넉한 여유로, 안정감 있게 자녀와 선생님들을 대하는 지혜가 우리 부모들에게 필요할 것 같아요. 두 분 부모님께 그리고 아이들에게 선생님의 마음이 잘 전달되길 기도할게요. 그 과정 가운데 제가 도울 일 있으면 알려주세요. 선생님, 힘내셔요!

추신) 김치찌개 레시피는 매우 간단하지만, 그래도 정리해보았어요.

〈김치찌개 레시피〉

준비물	묵은지, 찌개용 돼지고기, 두부
요리 과정	1. 찌개용 돼지고기를 냄비에 물과 함께 넣고 먼저 끓입니다. 2. 고기가 익으면 묵은지를 넣어줍니다.

	3. 묵은지가 한소끔 끓어오르면 두부를 넣어줍니다.
맛내기 팁 및 유의사항	맛있는 묵은지가 결정적인 맛을 좌우합니다.

레시피 및 사진 : 박순주님 제공

III. 학부모가 들려주는 관계 도약 레시피

1. 네 번째 레시피 : 떡볶이
- 알고 싶어요, 선생님의 마음과 상황을 (담임소개편지)

열한 명의 어머니들이 학교 근처 분식집에 모여 있습니다. 따끈한 어묵과 고소한 튀김, 매콤 달콤한 떡볶이를 먹으며 정겨운 대화가 한창입니다. 왁자지껄한 웃음소리도 자주 들리네요. 어머니들 사이로 불쑥, 자그마한 키에 노트북을 들고 있는 선생님 한 명이 끼어듭니다. 동그란 얼굴에는 미소가 가득합니다. 어머니들에게 무언가를 물어보려는 심산인 것 같은데……대화 속으로 한 번 들어가 볼까요?

별샘 : 어머니들, 안녕하세요! 그동안 잘 지내셨어요?
어머니들 : 어머, 선생님! 어서 오세요. 이렇게 밖에서 만나니
깐 왠지 더 반갑네요.
별샘 : 저도 그래요. 분식집에 오니 학생이 된 것 같고 기분

이 신기하네요.

어머니들 : 저희도 여고생이 된 듯해서 기분이 막 들떠요. 그런데 오늘, 저희에게 물어볼 것이 있다고 하셨죠?

별샘 : 네. 그럼 본론부터 바로 말씀드릴게요. 괜찮지요?

어머니들 : 그럼요. 할 일부터 얼른 하고 편하게 놀아요, 우리.

별샘 : 좋아요. 학교 담임선생님에게 담임 소개 편지 받아보셨죠? 우리 학교에서는 대부분 보내는 분위기여서 아마 받아보셨을 거예요. 담임 소개편지에 대한 어머니들의 제언을 들으려고 해요. 어떤 내용이 들어가면 좋을지 자유롭게 이야기해 주세요.

동명 맘 : 담임 소개 편지를 보내주시는 것만으로도 얼마나 큰 힘과 기쁨이 되었는지 몰라요. 선생님들께 많이 감사해요! 음, 반별로 특별한 활동을 할 때 안내문을 보내주시거나 중간에 편지를 또 보내주시기를 바라면, 너무 욕심일까요? 그런데 선생님의 편지를 또 받으면 정말 기쁠 것 같아요. 저희를 동역자로 봐 주시는 느낌이 들거든요.

재민 맘 : 교사를 하시게 된 계기, 꿈, 크리스천이시라면 신앙의 고백 등 개인적인 나눔이 있는 편지가 좋았어요. 저희에게 마음을 열어주시는 선생님이 더 친근하게 느껴지더라고요.

진태 맘 : 즐거운 학교생활을 위한 안내문(학교 사용법 - 시간표, 교칙, 학교생활 노하우 등)이 담긴 편지를 받았었는데 신입생의 긴장한 마음이 풀리면서 참 재밌었어요.

은지 맘 : 1년 동안 추진할 계획, 선생님 개인의 교육철학에 대한 안내가 들어가면 좋을 것 같아요. 미리 예상하며 어떻게 도와드릴지 고민해볼 수 있거든요.

예주 맘 : 전화 통화가 가능한 시간이나 만남이 가능한 공강 시간을 명확히 알려주시는 부분을 보면서 소통을 위해 노력하는 마음이 느껴져서 좋았어요.

수민 맘 : 선생님의 사진, 가정의 기도제목이 담긴 편지를 받으니 구체적으로 기도할 수 있어서 좋았어요.

도훈 맘 : 어버이날에 선생님으로부터 편지를 받은 적이 있었는데 감동이었어요. 선생님들도 수고하시는데 어버이날이라고 부모인 저희에게 편지를 보내주시다니......지금 생각해도 감사해요.

지현 맘 : 편지랑 조금 다른 이야기일수도 있는데요. 편지도 소통을 위한 방법의 하나잖아요. 문자 메시지도 잘 활용하시면 좋을 것 같아요. 방학 때 안부 문자 한 번(예를 들어 '방학 때 ○○이는 잘 지내고 있나요? 특별한 일이나 기쁜 일, 나누고 싶은 일이 있다면 알려주세요.'의 내용), 학기 말에 그간 서로 애쓴 일에 대한 감사와 격려를 담은 문자를 한 번 보내주시면

저처럼 소극적인 부모들에게는 열린 마음, 소망을 갖게 할 거예요.

지현 맘 : 저도 이 훈훈한 분위기에서 다른 이야기를 하는 것 같아 죄송하지만, 매년 같은 형식의 같은 문구로 숫자만 바꿔 보내시는 편지는 잘 안 읽어보게 되더라고요. 복사하시다가 숫자나 이름이 틀리는 경우에는 너무 속상해요.

준민 맘 : 편지 말미에 자녀의 특성이나 선생님에게 하고픈 말을 적어서 돌려드리는 답장 부분이 있었는데 좋더라고요. 자녀에 대한 정보를 드리고 싶은데 학기 초부터 찾아가거나 전화, 문자 드리는 것은 조금 망설여지거든요. 편지의 답장 형태로 선생님과 이야기를 나눌 수 있으니깐 부담도 덜하고 편했어요.

신훈 맘 : 선생님의 편지를 냉장고에 붙여놨어요. 아이들이 편지를 유심히, 몇 번을 읽더라고요. 우리 담임선생님에 대해 자세히 알 수 있고, 이런 노력을 하신다는 것을 아이들이 자연스럽게 느낀다는 것이 참 좋았어요.

지은 맘 : 반에서 힘들거나 고민이 생겼을 때 부모님께 적극적으로 도움을 구하겠다고 적으신 선생님이 계셨어요. 그런 말이 부담으로 다가오기보다는 오히려 감사하더라고요. 동역하고자 하는 선생님의 진심이 느껴지고 내가 우리 반에 무얼 도울 수 있을지 먼저 생각하게

되었어요. 아픔을 나눌 때 더 끈끈한 공감대가 형성되는 것 같아요.

별샘 : 좋은 이야기들, 도움이 되는 이야기들 들려주셔서 감사해요. 어머님들 이야기를 들으며 떡볶이를 먹어서 그런지 담임 소개 편지는 떡볶이와 비슷하다는 생각이 들었어요. 빨간 고추장 양념의 기본 떡볶이 뿐 만아니라 궁중 떡볶이, 짜장 떡볶이, 크림소스 떡볶이등 다양한 종류가 있잖아요? 선생님마다 자신의 철학과 색깔을 담임 소개 편지에 잘 녹여내면 좋겠다고 생각했어요. 다른 선배 선생님의 편지 양식을 참고할수는 있겠지만 선생님 각자에게 가장 잘 맞는 내용으로 쓰는 것이 제일 좋은 양식이겠죠.

그리고 떡볶이는 국민 간식, 흔하고 편하게 먹을 수있는 간식이잖아요? 담임 소개 편지를 쓸 때도 조금더 편한 마음으로 쓰면 좋겠다는 생각이 들어요. 저도 매년 편지를 쓰다보면 멋진 말 위주로, 내가 괜찮은 교사라는 것을 나타낼 수 있는 내용으로 쓰게 되는 경우가 많더라고요. 담임 소개 편지는 부모님과의동역, 하나 됨을 위해 쓰는 것이 큰 목적이라고 생각해요. 그런데 교사가 너무 폼만 잡으면 마음이 이어지기 어려울 거예요. 목과 어깨에 들어간 힘을 빼고,길거리에서 떡볶이 사 먹는 것처럼 편한 마음으로 쓰

는 게 좋을 거 같아요. 교사의 걱정이나 우려, 도움이
필요한 부분도 솔직하게 적는 거죠. 진심이 통할 수
있게 말이에요.

담임 소개 편지를 쓸 때 떡볶이를 먹으면서 써야겠네
요. 오늘의 대화를 기억할 수 있게요.

수민 맘 : 선생님, 그럼 제가 떡볶이 레시피 알려드릴까요?
의외로 간단하니깐 집에서 충분히 하실 수 있으실 거
예요.

별샘 : 그럴까요? 알려주세요. 직접 만들어보면서 또 떠오르
는 생각이 있을 것 같아요. 오늘 소중한 제언들 많이
해주셔서 감사해요. 자, 그럼 이제 노트북은 덮고 본
격적인 수다의 세계로 떠나볼까요?

어머니들 : 좋아요! 노트북 덮으시기만 기다렸어요.

(자녀들 이름은 모두 가명입니다.)

〈떡볶이 레시피〉

준비물	* 쌀떡, 어묵 2장, 대파 1대, 양배추 약간, 양파 1/4개 * 국물양념 : 물 3컵(멸치 다시마 국물이 좋아요.), 고춧가루 2, 고추장 1.5, 간장 1, 설탕 1, 올리고당 1스푼
요리 과정	1. 국물 양념을 끓여줍니다. 2. 팔팔 끓으면 쌀떡과 어묵을 먼저 넣고 한소끔 끓입니다. 3. 나머지 야채를 넣고 5분 정도 끓이면 완성.

맛내기 팁 및 유의사항	- 멸치와 다시마로 국물을 내면 깊은 맛이 납니다. - 재료 넣는 순서를 지켜주세요. 야채를 너무 빨리 넣으면 물러져서 맛이 없어요.

레시피 및 사진 : 민해진님 제공

2. 다섯 번째 레시피 : 제육볶음
- 용기를 내세요. 저희를 알려드릴게요. (가정방문)

지난 번 분식집 회동이 매우 재밌어서였을까요? 이번에는 준민이네 집에 어머니들과 별샘이 또 모였습니다. 평소 요리하기를 좋아하는 준민이 어머니께서 제육볶음을 준비하셔서 모두들 맛있게 먹고 있었지요. 그런데 그때, 별샘의 직업병이 또 도졌습니다. 슬그머니 노트북을 꺼내더니 어머니들께 뭔가를 물어보려고 눈치를 보고있네요. 식사나 다 끝나고 물어볼 것이지……하긴, 식사가 끝나고 차를 마시기 시작하면 돌아오기 힘들다는 것을 별샘은 알고 있습니다. 어마무시한 수다의 세계로 한 번 떠난 어머니들은(그리고 별샘도) 쉽사리 돌아올 수 없기 때문에 지금이 마지막 기회입니다.

별샘 : 식사 중이신데 죄송해요! 저 여쭤볼 것이 또 생겼어
　　　요.
어머니들 : 식사는 그새 다 하신 거예요? 얼른 얘기해보세요.
　　　아까부터 뭐 마려운 강아지마냥 눈치 보시는 게 심상
　　　치 않았어요.
별샘 : 네, 감사해요. 지난번처럼 얼른 할 거 하고 편하게 있
　　　으려고요. 우리 학교에서는 3월 말이 되면 가정방문
　　　을 일제히 하잖아요? 이번에는 가정방문에 대한 어머
　　　니들의 제언을 듣고 싶어요. 가정방문에 관련된 어떤

이야기도 좋으니 자유롭게 이야기해주세요.

진태 맘 : 일단, 선생님께 힘내시라고 말씀드리고 싶어요. 부
모들은 선생님의 지원군이랍니다. 부모들을 만나는 것
에 너무 부담 갖기 마시고 조금만 용기를 내시면 좋
을 것 같아요.

수민 맘 : 학기 초 가정방문이 의미 있는 것은 학년을 시작
하면서 함께 알아간다는 점에 있다고 생각해요.

재민 맘 : 가정 방문 오시기 전에 아이와 상담을 미리 하고
오시면 도움이 더 될 거예요. 그 내용을 바탕으로 부
모와 이야기 나누시면 더 구체적으로 정리가 되지 않
을까요?

신훈 맘 : 집에 오셔서 아이의 성장 과정을 열심히 들어주시
는 모습이 참 감사했어요. 아이를 이해하고자 하는
선생님의 열정이 느껴졌거든요.

도훈 맘 : 아이에 대한 칭찬을 모두 함께 있는 자리에서 해
주셔서 좋았어요. 저희 아이의 어깨가 어찌나 높이
올라가던지요. 그런데 아이가 다른 곳에 따로 가 있
는 시간도 필요하다고 생각해요. 선생님께서 꼭 아셔
야 하는데 아이가 들었을 때는 곤란해질 수 있는 이
야기도 있거든요.

은지 맘 : 저희 가정의 기도제목을 물어봐주시며 그것을 꼼꼼
히 기록까지 하셔서 감동했어요. 선생님의 기도제목도
함께 나눴는데 기도로 동역할 수 있어서 감사했어요.

동명 맘 : 사정이 있어서 가정방문할 때 아이가 함께 하지 못했었어요. 그런데 선생님께서 아이 방에 작은 쪽지를 남겨주고 가시더라고요. 나중에 아이가 보고 정말 좋아했어요.

지은 맘 : 아이 방을 둘러보신 것을 바탕으로 아이와 이야기하면 더 깊은 이야기를 나눌 수 있으실 것 같아요. 좋아하는 연예인, 읽는 책, 악기, 옷 스타일 등 아이 방을 보면 알게 되는 게 많거든요.

지현 맘 : 아이의 등하교 동선을 선생님이 알고 계시다는 것이 왠지 모르게 든든하더라고요.

예주 맘 : 가정방문 오실 때 선생님께서 매년 작은 선물을 가져오셨어요. 자녀와 학교를 위해 눈물 흘리며 기도해달라며 주신 곽 티슈, 자라게 하시는 분은 하나님이라는 것을 함께 기억하자는 의미의 작은 화분, 여유와 따스한 마음을 나타내는 티백 차였어요. 먼 길 오시는 것도 감사한데 의미 있는 선물까지 주시다니......선생님께 마음이 완전히 녹았죠. 선생님에 대한 신뢰가 초반에 생겼어요.

준민 맘 : 지난번에 선생님께서 떡볶이랑 담임 소개 편지를 연결해주셨잖아요? 이번에는 부족하지만 제가 제육볶음이랑 가정방문을 연결해서 이야기해보려고요. 3월 말에 이루어지는 가정방문은 제육볶음의 '두반장' 같아요. 제육볶음 할 때 마지막에 두반장 한 스푼을 넣

으면 맛이 확 살아나거든요? 담임 소개 편지로 훈훈하게 시작되었던 3월이 가정방문을 통해 감동적으로 마무리된다고 생각해요. 3월은 첫 시작이라 여러모로 긴장하고 또 다양한 문제들이 시작될 수 있어요. 아이들 학교생활을 보니깐 3월만 잘 보내도 일 년이 조금 수월해지는 것 같더라고요. 그리고 제육볶음은 여기 식탁에 놓인 쌈과 같이 먹어야 더 맛나잖아요. 선생님들께서 학생들을 만나실 때 부모와 동역하시면 더 맛난 일 년을 보내실 수 있다고 생각해요. 부담스런 만남이 아닌, 맛난 만남으로 생각해주시면 부모의 입장에서 정말 감사하답니다. 분명히 영양가도 있는 만남일 거예요. 고기와 채소를 같이 먹어야 더 영양 가득한 것처럼요. 선생님, 어때요? 제 연결이 좀 어색한가요? 말씀드리고 나니 너무 쑥스럽네요.

별샘 : 어머나, 어색하긴요! 정말 귀에 쏙쏙 들어오는 멋진 연결이었어요. 귀한 제언 주신 어머니들 모두 감사해요. 어머니들의 말씀처럼 저도 좀 더 용기를 낼게요. 대화를 하고 나니 더 힘이 나네요. 불끈!

(자녀들 이름은 모두 가명입니다.)

〈제육볶음 레시피〉

준비물	* 볶음용 돼지고기, 양파, 마늘, 간장, 미림, 고추장, 참

	기름, 설탕, 물엿, 후추, 깨소금, 생강가루, 두반장, 쌈 채소
요리 과정	1. 가능하면 생고기로 하는 것이 좋지만 얼린 고기를 해동해서 써도 됩니다. 2. 양파, 다진 마늘, 간장, 미림을 고기에 잘 섞어 넣고 20분정도 재워둡니다. 3. 고추장, 참기름, 설탕, 물엿, 후추, 깨소금, 생강가루를 넣고 조물조물 버무립니다. 4. 두반장을 마지막에 한 스푼정도 첨가합니다. 5. 뜨거운 불에 고기를 볶다가 약한 불에 좀 더 익힙니다. 6. 맛있게 쌈과 함께 드시면 됩니다.
맛내기 팁 및 유의사항	- 두반장 한 스푼이 맛내기 비법입니다. - 쌈과 함께 드시면 더 맛있습니다. - 드시고 탄산수 한잔은 소화에 도움이 됩니다.

레시피 및 사진 : 홍성혜님 제공

IV. 마무리

1. 마음과 마음을 이어주는 '진심'

 연구실천프로젝트를 마무리하며 그간 참여했던 학부모들의 솔직한 이야기를 듣고 싶었습니다. 두 가지 방법으로 이야기를 나눴습니다. 첫 번째는 한국협동학습연구회의 '생각카드'를 활용하여 '교사와 학부모의 관계'를 잘 나타내는 사진을 고르고 그에 대한 생각을 정리하는 것입니다. 두 번째는 연구프로젝트를 하며 느꼈던 것들을 후기 형식으로 적어보는 것입니다.

 학부모들의 나눔을 듣고 정리하며 구수하고 영양 가득한 잡곡밥이 떠올랐습니다. 음식과 계속 연결을 하다 보니 자연스럽게 생각이 났나봅니다. 현미, 찹쌀, 흰쌀, 콩 등 다양한 곡식들을 모아 맛있는 잡곡밥을 만들려면 서로 한데 섞어서 한 시간이상 불리는 과정이 필요합니다. 처음에는 까끌까끌하고 서걱서걱한 상태의 잡곡이지만 물속에 담겨져 함께 있다 보면 연하고 부드러워집니다. 물이 잡곡들 사이를 이어주는 것이지요.

잡곡들 사이의 물처럼 교사와 학부모의 마음을 이어주는 것은 무엇일까요? '진심'이라고 생각합니다. '사랑 안에 두려움이 없고 온전한 사랑이 두려움을 내쫓는다.'고 성경의 요한일서 4장 18절에서는 말합니다. 상처받을까봐, 어려움이 생길까봐 두려워하는 마음은 진정한 동역과 사랑의 관계를 맺을 수 없게 합니다. 이는 결국 교사, 학생, 학부모 모두에게 불행한 일입니다. 두려워하는 마음, 꺼리는 마음, 나를 포장하거나 방어하고자 하는 마음은 진심을 가립니다. 학생들을 사랑하는 선생님의 진심, 자녀를 소중히 여기는 학부모의 진심이 서로 흘러가며 이어질 때 학부모와 교사의 관계는 아름다운 조화를 이룰 것입니다.

그 조화의 결과는 우리 아이들에게 고스란히 전달됩니다. 생명을 살리는 밥, 몸과 마음을 튼튼하게 하는 잡곡밥을 우리 아이들이 많이 먹게 되겠지요. 어디, 아이들뿐이겠습니까? 서로의 마음과 마음이 이어져 관계의 풍성함 가운데 들어간 교사와 학부모는 얼마나 행복할까요? 교사와 학부모의 관계로 시작했지만 한 길 가는 동역자, 비빌 언덕으로 평생을 이어갈 수 있습니다.

마지막 장을 읽으며 선생님의 마음에는 어떤 음식이, 어떤 단어가 떠오르는지 질문하면 좋겠습니다. 그 대답이 선생님의 관계를 더 따뜻하게 만들기를 소망합니다. 마음과 마음이 이어지는 경험이 선생님의 삶 가운데 가득하기를 기대합니다.

〈잡곡밥 레시피〉

준비물	* 재료 : 현미, 찹쌀, 찰현미, 흰쌀, 검정쌀, 검은콩, 노란콩
요리 과정	1. 보통 한 시간이상 잡곡들을 불려야 합니다.(시간이 별로 없다면 따뜻한 물에 불려주세요.) 2. 잘 불은 잡곡들을 전기밥솥에 넣고 취사 버튼을 누르면 완성.
맛내기 팁 및 유의사항	- 물 양은 평소보다 1/3로 줄여야 질지 않습니다. - 잡곡밥엔 김과 김치만 있어도 맛납니다. 반찬이 별로 없어도 면죄부를 주는 잡곡밥이죠. - 잡곡밥은 불리는 시간이 있기 때문에 계획성이 있어야 해요.

레시피 및 사진 : 김문영님 제공

2. 교사와 학부모의 관계는

교사와 학부모의 관계는 흔들다리입니다.

흔들다리 앞에 섰을 때 흔들다리가 튼튼할 것이라는 믿음이 없으면 건너갈 수 없겠죠. 학부모와 교사의 관계도 마찬가지입니다. 흔들다리가 흔들리는 게 당연한 것처럼 학부모와 교사 사이에도 어려움이 있을 수 있습니다. 그러나 흔들다리를 결국 건너갈 것이라는 믿음으로 한 걸음 한 걸음 걷는 것처럼, 교사와 학부모가 서로를 신뢰함으로 협력할 때 좋은 결과가 나올 것입니다. 그리고 뒤를 돌아보았을 때 함께 웃으며 지나온 시간들을 감사할 수 있겠죠.

- 권기면

교사와 학부모의 관계는 비빔밥입니다.

하나하나의 재료로는 싱겁고 아쉬운 맛이지만

맛을 잃지 않는 교사라는 신선한 재료와

부모라는 깊은 맛의 재료가

한데 섞이고 그 위에 믿음의 깨소금까지 뿌려진!

교사와 학부모의 관계는 맛있는 한 숟갈의 비빔밥입니다.

- 김문영

교사와 학부모의 관계는

밥을 함께 먹는

식구처럼

같이 함께 나누고 느끼고

때론 다름으로 갈등도 있겠지만

그렇게

함께 가는

공동체입니다.

- 김미숙

우리 안에는

각 사람마다 하나님께서 그려 놓으신 걸작품들이 있지요.

교사와 학부모는 아이들이 그 그림을

가장 빛나고 최고로 아름답게 드러낼 수 있도록

이미 그 안에 숨겨져 있는 갖가지 멋진 색들을

발견하고 그려낼 수 있도록

함께 돕는 협업자들입니다.

- 김희주

교사와 학부모의 관계는

선물 같은

자녀가 맺어준

선물 같은

관계입니다.

- 민해진

교사와 학부모의 관계는

경쟁하거나

비판하는 사이가 아닌

서로 같은 방향으로

향해 가는

동역자입니다.

- 박순주

교사와 학부모의 관계는

하나 되어

함께 마음 모을 때

자녀를,

서로를,

세상을,

빛나게 하는 관계입니다.

- 안혜경

교사와 학부모의 관계는

바위틈에서도

제 빛깔의

꽃을

피워낼 수 있는

관계입니다.

- 이영주

교사와 학부모의 관계는 시간입니다.

학생을, 교사를 기다려주는 시간

때론 적극적으로 소통해야 하는 시간

이해하기 위해 고민하는 시간

함께하는 시간 속에

쌓여가는 신뢰입니다.

– 임순미

교사와 학부모의 관계는 식탁입니다.

식탁 위의 음식은 때때마다 다릅니다. 간단히 차려 질 수도 있고, 차와 음료만을 올려놓을 수도 있고, 진수성찬을 차릴 수도 있습니다. 하지만 식탁이 튼튼하지 않으면 음식을 차릴 수도 없고, 식탁의 역할을 할 수도 없습니다.

교사와 학부모는 튼튼한 식탁의 다리와 상판 같아서 사랑과 신뢰로 서로가 잘 연결되어 온갖 음식과 다양한 교제를 할 수 있다고 생각합니다.

- 정종연

교사와 학부모의 관계는 에스프레소입니다.

처음 입안에 들어온 커피는 쓴맛이 강합니다. 그러나 입안의 미각을 살려 음미하다 보면 커피의 진가를 진하게 깊게 경험하게 됩니다. 교사와 학부모도 처음 만났을 때는 여러모로 커피의 쓴맛처럼 달달하지만은 않습니다. 하지만 사랑과 신뢰를 바탕으로 시간을 보내다보면 교사, 학부모, 학생의 진가를 보게 됩니다.

- 정종연

교사와 학부모의 관계는

함께 가는

달팽이처럼

조금 느려도

서로와 함께

천천히 걸어가 주는 관계입니다.

- 홍성혜

"안녕"

- 명사 : 아마 탈 없이 편안함.

- 감탄사 : 편한 사이에서,

　　　　서로 만나거나 헤어질 때 정답게 하는 인사말.

교사와 학부모의 관계가

"안녕"이라고 말할 수 있는

"안녕"의 관계가 되길 소망합니다.

- 최경산

교사와 학부모의 관계는
함께 모여 있는 불꽃입니다.
머리를 맞대고 눈을 바라보며
손을 맞잡고 마음을 열 때
파바박!
아름답고 환한
사랑의 불꽃이 튀어 오릅니다.
그 불꽃은
아이들을, 부모들을, 교사들을,
결국 우리 모두를 빛나게 합니다.

– 이효선

3. 프로젝트 후기

1) 학부모들의 후기

프로젝트팀과 함께 하는 시간은 밥 먹고 소화가 안 되었을 때 먹는 소화제(활*수) 같은 마음이었어요. 조금은 답답하고 조금은 속상한 마음들을 나누고 위로 받을 수 있었어요. 속이 풀리고 체한 느낌이 쑤욱 내려가는 시간이었죠. 나와 다른 사람을 이해하고 받아들이는 것이 쉽지 않지요. 그러나 우리 안에 사랑과 받아들임의 마음이 있기 때문에 끊임없는 경청과 공감을 통해 가능했던 것 같습니다. 이런 기회를 주신 선생님과 엄마들께 감사를 드립니다.

 - 홍성혜

지금까지 나는 공동육아, 초등대안학교, 중고등대안학교를 보내며 아이들을 키우고 있다. 프로젝트를 하면서 내가 경험하지 못했던 학교와 교사 그리고 학부모의 마음을 듣게 되었다. 기본적으로 모든 사람이 '사랑'받고 싶고, '사랑'하고 싶은 것이 인간이라는 생각을 다시 하게 되었다.

새봄 프로젝트로 모이면서 우리는 교사와 학부모간에 사랑이 이미 있었던 것을 확인했다. 학부모와 학부모간의 사랑 또한 우리 안에 예전부터 있었던 것을 확인하는 시간이었다. 이미 있었던 사랑의 주고받음을 통해 한걸음 더 깊은 사랑을 나누는 기회였던 것 같다.

수고하신 쌤!
함께 붙어 있었던 새봄이
넘넘 고맙고 감사!

13인방의 수다는 제 아들이 병원에 입원하는 바람에 아쉬움이 가득합니다. 후속모임이 있길 소망합니다.

- 정종연

소통하고자 하는 쌤의 따스한 미소 속에서 학부모들은 동병상련의 지난 아픔들을 나누며, 함께 눈물짓기도 하고 위로받으며...
저마다 다른 듯 비슷한 듯, 학생으로서, 교사로서, 학부모로서 성장통을 겪어온 시간이었음을 확인했던 것 같아요.

때론 떡볶이 먹으며 여고생 시절로 돌아간 듯 했고, 아줌마 수다 떠는 듯도 했어요. 후반기에 좀 더 자주 모이지 못한 것이 아쉬워요.

모두들 감사해요~♡

- 임순미

교사와 학부모가 소통하는 것에 즐거움을 느낄 수 있었다. 서로의 상황과 입장이 있지만 아이가 제일 소중하기에 아이의 눈높이에서 서로를 바라봐 준다면 좋을 것 같다. 아이들이 성장하는 과정에서 부모만큼이나 교사는 많은 영향력을 미친다. 미숙하거나 자신의 입장을 고려하느라 아이를 보호해 주지 않았을 때 아이는 큰 상처를 받게 된다. 부모와 교사가 이해관계가 아니라 돕는 자로서 협력하게 될 때 아이들은 그 울타리 안에서 안전감을 가지고 성장해 갈 것이라 기대한다.

- 이영주

그동안의 모임을 통해 나누었던 이야기가 다시금 떠올라 가슴이 먹먹하기도 했네요. 각 사례를 음식이라는 주제로 해결을 제시한 것이 너무 참신하고 재미있었어요. 모두들 너무 고생 많으셨어요.

- 박순주

편안한 분위기로 아줌마들을 이해해주며 모임을 인도해준 선생님 덕분에 개인적인 생각들을 편하게 나눌 수 있어서 감사했어요. 선생님과 학부모가 함께 돕는 자라는 믿음을 가질 수 있게 되었습니다.

- 민해진

선생님과의 협업프로젝트 1년. 사실 별 기대감 없이 시작했습니다. 다만, 이런 주제의 프로젝트가 교사에 의해 고안되고 또 선정되었다는 점이 신선하다는 정도였습니다. 그리고 예정되었던 1년이 거의 지난 시점까지도 저는 특별한 결과물을 생각할 수 없다고 막연히 여겼습니다. 한편으론 그럴 수밖에 없는 것이 저는 주로 의견을 제시하는 학부모로서의 역할이었으니까요.

그런데 돌아보니 제가 미처 인식하지도 못한 사이 굵게 자리 잡은 것이 있더군요. 함께 프로젝트를 진행한, 이 프로젝트의 발안자인 선생님과의 관계에서 생겨난 것이었습니다. 저와 선생님 사이에 깊은 신뢰를 바탕으로 한 친밀감이 1년여의 시간동안 천천히 자라나 있었습니다. 만약 저의 아이를 선생님이 지도하게 된다면 저와 선생님의 이 관계성이 아이의 주변에 적절한 양분과 습도로서의 기능을 해내겠구나, 하는 감(!)이 들었습니다. 식물이 우리 눈에 드러나 보이지는 않는 주변의 대기 상태에 의해 큰 영향을 받듯이요. 우리(교사와 학부모)의 건강하게 친밀한 관계가 저절로 아이에게 긍정적인 흐름으로 흘러갈 것이라는 믿음이랄까, 깨달음 같은 것이 생겼습니다.

아이가 잘 자라나는 데는 아이를 둘러싼 여러 관계가 건강하게 얽혀 있는 것이 참으로 중요한 것 같습니다. 부부 간, 부모 간, 형제 간, 교우 간, 교사 간 등의 관계 말입니다.

여기에 특수하지만 독창적으로, 유의미하게 자리하는 것이 부모와 교사 간의 관계일 것입니다. 내부와 외부를 연결해 주는 고리의 기능을 하니까요. 실존주의 철학자 볼노브(Bollnow)는 "만남은 교육에 선행한다."고 했지요. 저는 개인적으로 나이가 들어가고 삶을 겪어가는 시간이 깊어질수록 대학시절 들었던 이 한 문장에 점점 더 탄복하며 동의하게 됩니다. 그리고 이 '만남'이 발전하여 이루는 관계성 안에 교사와 부모 간의 관계가 포함되어지는 것이 얼마나 필요한 일인가를 생각합니다.

자칫 놓치기 쉬운 이 관점의 관계성에 대한, 통찰과 같은 깨달음
이 바로 지난 1년간의 프로젝트를 통해 얻게 된 감사한 수확물이었
습니다. 그래서 이제 지난 1년간의 프로젝트는 그 자체로서 제게
참으로 귀한 시간이 되었습니다. 제가 함께 할 수 있도록 기회를
주신 하나님께 진심의 감사를 드립니다.

- 김희주

　　좋은 사람들과
　　좋은 수다
　　좋은 고민
　　학교공동체를
　　좋은 사람들과
　　고민했던
　　좋은 시간이었습니다.

- 김미숙

　멀게만 느껴지던 존재 '선.생.님...' 새봄프로젝트를 함께 진행하
며 가끔 꿈쩍꿈쩍 놀라곤 했습니다. '선생님과 이런 이야기를 해도
되나?' 그러다가 나중에는 부모·교사와의 관계를 넘는 어떤 정점을
찍으며 깊은 친밀감을 경험한 것은 너무 감사하고 귀한 것이었습니
다! 더 놀라운 것은 한 명의 교사와 함께하며 마음속에 묻어놓았던
이야기들을 했을 뿐인데 신기하게도 모든 다른 교사들을 보는 나의
눈이 달라지고 마음이 열리기 시작한 것입니다!

나비효과인가요!

바라건대 나비와 같은 이 작은 새봄 프로젝트의 날갯짓이 교사와 부모 간에 새롭게 시작되는 사랑과 믿음의 폭풍이 되길 바라봅니다! 놀랍고 가슴 벅찬 경험 잊지 못할 것입니다!

- 김문영

모일 때마다 즐거운 수다와 맛있는 음식이 함께하는 즐거운 프로젝트였습니다. 선생님들께 조그만 도움이 되고 싶어 시작했지만 시간이 지나면서 느낀 것은 학부모 또한 교사를 신뢰하고 마음을 열어야한다는 사실이었습니다. 개인적인 일로 끝까지 프로젝트에 참여하지 못해서 아쉽지만 훌륭한 원고로 우리의 수다를 정리해주신 선생님과 함께한 팀원들께 무한애정을 보냅니다.

- 권기면

2) 선생님의 후기

'知則爲眞愛 愛則爲眞看 看則畜之而非徒畜也'
(지즉위진애 애즉위진간 간즉축지이비도축야)
'사랑하면 알게 되고, 알면 보이나니, 그때 보이는 것은 전과 같지 않으리라.'

이 말은 유홍준 교수의 「나의 문화유산답사기」 제 1권의 머리말 일부입니다. 이로부터 '아는 만큼 보인다.'라는 말이 널리 알려지게 되었는데, 유 교수가 「나의 문화유산답사기」 제 2권에서 정정하고 보완한 대로, 이는 정조 때의 문장가인 유한준(兪漢雋, 1732 - 1811)이 당대의 수장가였던 김광국(金光國)의 화첩 「석농화원(石農畫苑)」에 부친 발문에서 따온 것입니다. 이를 옮기면 '알면 곧 참으로 사랑하게 되고, 사랑하면 참으로 보게 되고, 볼 줄 알게 되면 모으게 되니 그것은 한갓 모으는 것은 아니다.'입니다.

사랑하면 알게 되는 것일까요, 알면 사랑하게 되는 것일까요? 사랑하는 것과 아는 것 사이에 명확한 선후관계가 있지는 않다고 생각합니다. 사랑하는 사람이 있다면 그에 대해 매일 조금씩이라도 알아가길 원할 것입니다. 누군가에 대해 몰랐던 부분을 조금씩 알게 되었을 때 그를 더 이해하고 사랑할 수 있게 됩니다.

연구를 통해 여러 상황에 대한 학부모들의 제언을 들을 수 있었습니다. 이 제언은 교사들이 관계를 세워나갈 때 활용할 수 있습니다. 학생이나 학부모들에 대해 몰랐던 부분을 알게 되면서 실수하는 일도 더 적어질 것입니다.

하지만 모든 제언과 노하우보다 가장 중요한 것은 결국 '사랑'입니다. 더 나은 관계를 위해 애쓰는 것이 두려울 수 있습니다. 노력하고 싶지 않을 수 있습니다. 지금도 그리 불편하지 않은데 왜 더 고민해야 하는지 이해가 안 될 수 있습니다. 다른 사람이 아닌, 바로 저부터 위의 생각들을 했었습니다. '내가 왜?' 라는 질문을 많이 했습니다. '상상하지 못할 만큼 힘들고 어려운 일이 많은 학교 현장에서 학부모와 동역의 관계를 맺는다는 것은 너무 낭만적인 꿈 아닐까? 이 연구의 내용과 결과가 현실과 동떨어진 것은 아닐까?'라는 질문을 계속 해왔고 지금도 하고 있습니다. 현실은 변하지 않을 수 있습니다. 어쩌면 점점 더 어려워져갈 수도 있겠지요. 그러나 한 발자국만 시도해보면 전과 같지 않은, 전에는 몰랐던 사랑의 관계가 펼쳐진다는 희망과 기대가 이 연구의 작은 결론입니다.

그러나 연구를 시작하고 진행하면서 그리고 후기를 쓰고 있는 지금도 걱정되는 것이 있습니다. 이 연구의 결과가 혹시 선생님들을 더 힘들게 하는 것은 아닐지, 나를 드러내는 것은 아닐지 많이 염려됩니다. 책의 처음에도 언급했었지만 이 연구를 시작한 계기는 철저한 깨어짐이었습니다. 저의 교실에서, 제가 만나는 학생들 그리고 부모님과 관계의 깨어짐이 있었습니다. 그것이 참 많이 아팠습니다. 지금도 회복 중이기에 여전히 슬프고 아린 부분이 있습니다. 그때의 어려움을 겪기 전까지는 무언가 더 배우려는, 들으려는 노력이 부족했습니다. 모든 것이 잘 되어가고 있다고, 내가 맞게 하고 있다고 스스로를 위안했습니다. 그런데 그 깨어짐 이후에는 내가 무엇을 알고 있는지, 아는 것이 있기는 한 건지부터 의문이 들었습니다. 모른다는 것을 깨닫고 나니 그제야 알고 싶고, 듣고 싶었습니다. 학생들의 숨겨진 이야기를 듣고 싶었습니다. 학부모들의 진짜 마음을 알고 싶었습니다. 여기저기 조언을 구하며 지혜를 빌리기 원했습니다. 실제 아이를 키우고 있는 학부모들의 이야기를 들으면 좋겠다는 생각을 그렇게 하게 된 것입니다. 그리고 좋은 방법을 알게 되면 누군가에게 나누고 싶다는 생각도 했습니다. 함께 힘을 내고 싶었습니다. 그 힘으로 행복한 선생님들이 많아져서 아이들, 부모들도 다 같이 행복해지면 얼마나 좋을까 상상했습니다.

이 글을 읽으시는 선생님께서 이 책을 통해, 저희의 작은 시도를 통해 조금이나마 힘을 내셨는지 저는 알 수 없습니다. 아쉬운 점도 많은 연구였습니다. 더 다양한 사례들이 있었으면, 공교육 환경에도 충분히 적용할 수 있었으면, 초중고 학교급별의 특성을 담을 수 있었으면, 아버지들의 이야기도 들을 수 있었으면, 학교 일정에 따른 내용도 있었으면 하는 아쉬움이 있습니다. 부족한 연구였지만 진심으로 마음을 모아 소망합니다. 선생님께 도움이 되었기를, 희망을 더 품게 되셨기를, 행복해지셨기를 바라고 기도합니다. 얼굴도 모르고, 성함도 모르지만 한 길 가는 동역자인 선생님들을 축복합니다.

이미 너무 길어져버린 후기이지만, 우리 새봄 프로젝트 팀원들에 대한 이야기를 빠트릴 수는 없겠지요? 관계의 깨어짐으로 깊이 고민하던 저에게 큰 위로와 힘이 된 분들. 서로 사랑하는 삶이 무엇인지 새롭게 알려준 분들. 학부모와 동역할 수 있다는 것, 함께 울고 웃을 수 있다는 것을 몸으로 알려준 분들. 공감, 섬김, 배려가 무엇인지 체험하게 해준 분들. 유쾌한 대화와 맛난 음식 가운데 함께 있음 자체가 행복했던 분들. (사적인 이야기이지만) 저의 임신과 출산, 어리바리한 초보 맘의 육아휴직까지 함께 해주신 분들. (조리원으로, 집으로 찾아와 주신 것 정말 잊지 못합니다.) 그리고 팀원들 가운데 유독 마음 아픈 일이 많았던 작년, 서로 의지하며 기도할 수 있었던 분들입니다. 열한 명의 새봄 프로젝트 팀원들을 만날 수 있었던 것이 저에게는 정말 큰 감사입니다. 하나님께 값없이 받은 선물입니다. '나를 어떻게 볼까?' 고민하지 않고 용기 있게 조언을 구할 수 있는 사람들이 있어서 참 감사합니다. (또 사적인 이야기이지만) 제 아들 새봄이에게는 뱃속에서부터 함께 해온 이모들이 열한 명이나 있으니 얼마나 든든한 일인지요. (그러면 저희 남편에게는 열 한명의 누나들인 건가요? 좋습니다!)

앞으로 우리에게 주어진 시간이 얼마나 있을지는 모르지만 기면, 문영, 미숙, 희주, 해진, 순주, 혜경, 영주, 순미, 종연, 성혜님과 함께해서 기쁘고 행복합니다.

어머나! 후기를 네 쪽이나 쓰고 있었어요. 이제 진짜 마무리를 합니다. 가장 중요한 말이 남았어요. 모든 일의 시작과 과정과 끝, 모든 감사와 영광을 하나님께 드립니다. 사랑합니다, 나의 주님.

- 이효선

참 고 문 헌

고병권 외(2010), 생각한다는 것, 너머학교

권용선(2010) 읽는다는 것, 너머학교

김규형(2013) 바인더의 힘, StaRich Book

김현수(2014) 공부상처, 에듀니티

도로시 리즈(2016), 질문의 7가지 힘, 더난출판

수잔 델린저(2013) 도형 심리학, W미디어

이지성(2015) 생각하는 인문학, 차이

이지성(2016) 리딩으로 리드하라, 문학동네

전성수(2013) 부모라면 유대인처럼 하브루타로 교육하라, 예담Friend

찰스 험멜(2011) 늘 급한 일로 쫓기는 삶, IVP

최귀길(2012), 공부생 노트필기, 마리북스

트레이시 앨러웨이 · 로스 앨러웨이(2014), 파워풀 워킹 메모리, 문학동네

EBS 기억력의 비밀 제작진(2011), 기억력의 비밀, 북폴리오